अगर आप घर को बाहर से सजाते हैं, लेकिन अन्दर से कैसे भी रखते हों तो यह गलत है। जितना जरूरी घर को बाहर से सजाना है उससे कहीं ज्यादा जरूरी है घर को अंदर से सजाना क्योंकि जिस घर में आप निवास करते हैं उसकी आंतरिक साज–सज्जा आपके अन्दर सकारात्मक ऊर्जा के साथ–साथ आपके विकास में सहायक बनती है।

परिवार की सुख–शान्ति एवं समृद्धि के लिये यदि आप वास्तु एवं फेंग शुई के माध्यम से घर की आंतरिक साज–सज्जा करते हैं तो निश्चित ही इसमें आपको सफलता मिलेगी।

वास्तु एवं फेंग शुई द्वारा गृह सज्जा में वैज्ञानिक, तार्किक सौन्दर्य प्रस्तुत करना इस पुस्तक की विशेषता है।

वास्तु-फेंग शुई
आंतरिक साज-सज्जा

कुलदीप सलूजा

डायमंड बुक्स

प्रकाशक : **डायमंड पॉकेट बुक्स (प्रा.) लि.**
X-30 ओखला इंडस्ट्रियल एरिया, फेज-II
नई दिल्ली-110020
फोन : 011-40712200
ई-मेल : sales@dpb.in
वेबसाइट : www.diamondbook.in

मुद्रक : रेप्रो (इंडिया)

Vaastu-Feng Shui : Antrik Saj Sajja
By : Kuldeep Saluja

समर्पण

यह पुस्तक मेरे पूज्य पिता

स्वर्गीय सरदार तारासिंह जी धौल

एवं

मेरी पूज्य माता

श्रीमती रामप्यारी धौल

को सादर समर्पित है।

अपनी बात

वास्तुशास्त्र एक प्राचीन विज्ञान है। यह किसी धर्म या संप्रदाय से नहीं, बल्कि सार्वभौमिक सत्य से जुड़ा हुआ है। जिसे हजारों वर्ष के अनुसंधान के बाद विद्वान ऋषि–मुनियों द्वारा लोकोपयोगी बनाया गया है।

वर्तमान मानवीय जीवन शैली में वास्तुशास्त्र का प्रभाव बहुत ज्यादा हो गया है। आज किसी व्यक्ति के जीवन में कोई परेशानी चल रही है, तो उसके दिमाग में अन्य बातों के अलावा एक बात जरूर आती है, कि जिस मकान में वह रहता है, या जहां वह कारोबार कर रहा है, कहीं उसमें वास्तु दोष तो नहीं है। वास्तु की बढ़ती लोकप्रियता के कारण आजकल भारत के हर शहर के हर गली–मोहल्ले में वास्तुशास्त्री नजर आने लगे हैं जिनमें से अनेक वास्तुविदों को ढंग से कंपास देखना भी नहीं आता। ऐसे विद्वान, वास्तु दोषों को अपने–अपने तरीके से ठीक करने में लगे हुए हैं, कोई वास्तु दोष दूर करने के लिए तुलसी का पौधा लगवा रहा है, कोई घर के आगे गाय बंधवा रहा है, कोई पिरामिड जमीन में गड़वा रहा है या दरवाजे पर लगवा रहा है, कोई तांबे की प्लेट में यंत्र गड़वा रहा है, तो कोई भगवान की मूर्ति, फोटो या श्रीयंत्र लगवा रहा है इत्यादि।

वास्तुशास्त्र प्रकृति के साथ समन्वय बनाकर प्रकृति में व्याप्त ऊर्जा से लाभ उठाने का माध्यम है। आजकल वास्तुशास्त्र एक फैशन बन गया है, जिस कारण इस शास्त्र के वैज्ञानिक आधार कम होते जा रहे हैं और अंधविश्वास बढ़ता जा रहा है।

भारत की प्रसिद्ध मासिक पत्रिका "गृहलक्ष्मी" में वास्तु विषय पर छपने वाले मेरे लेखों को पढ़कर मुझे पाठकों के अनेक पत्र मिलते रहते हैं। पाठकों की समस्याएं पढ़कर मुझे इस भवन विज्ञान के विषय पर पुस्तक लिखने की

प्रेरणा मिली, ताकि वास्तु दोषों के कारण परेशान एवं भ्रमित पाठकगण अपनी समस्याओं का समाधान वैज्ञानिक तरीके से कर पाएं, और भ्रम फैलाकर लूट खसोट करने वाले तथाकथित वास्तुशास्त्रियों के मायाजाल से बच सकें।

मैं ह्रदय से आभारी हूं वास्तुशास्त्र के विद्वान आदरणीय श्री गौरू तिरूपति रेड्डी, श्री ए. आर. तारखेडकर, श्री बी. एन. रेड्डी, श्री द्रोणमराजु पूर्णचन्द्र राव एवं श्री आर. जी. राव जी के लिखे 'वास्तु ग्रंथों' से मैं वास्तुशास्त्र के कई रहस्यों को जान पाया और मुझे लिखने की प्रेरणा मिली।

मैं यहां विशेष रूप से धन्यवाद देना चाहूंगा डॉ. रेशमी रामधोनी, एसोसिएट प्रोफेसर, अध्यक्ष हिन्दी विभाग, महात्मा गांधी संस्थान, मॉरीशस का, जिन्होंने मेरे द्वारा वास्तुशास्त्र पर लिखे कई लेखों का फ्रेंच भाषा में अनुवाद किया। फ्रेंच में अनुवादित लेखों को मॉरीशस मीडिया के प्रमुख अखबार Week End द्वारा प्रकाशित किया गया।

मैं अपनी पत्नी श्रीमती कुलदीप सलूजा और पुत्रवधू प्रिय शीतल सलूजा के स्नेह भरे सहयोग के लिए आभारी हूं, जिनके सहयोग से यह पुस्तक आप तक ला पाया।

मैं प्रिय जितेन्द्र ठाकुर, प्रवीण कुमार, मनीष गोयल, अभय कुमार वर्मा, शशिकांत और सुभाष सरपाल का भी सस्नेह आभार व्यक्त करता हूं, क्योंकि उन्होंने अपनी लगन व मेहनत द्वारा इस पुस्तक के संपादन व कम्प्यूटर पर इस पुस्तक की पांडुलिपि को तैयार करने का दुरूह कार्य को पूर्ण किया।

अंततः मैं श्री नरेन्द्र वर्मा जी (प्रकाशक एवं निदेचशक, डायमंड बुक्स) का तहेदिल से आभारी हूं जिनके विश्वास एवं प्रेरणा से मैं अपने गहन अध्ययन एवं शोध को आप सबके समक्ष ला सका।

– कुलदीप सलूजा

अनुक्रमणिका

विश्वव्यापी वास्तुशास्त्र एवं फेंग शुई

वास्तुशास्त्र और फेंग शुई दोनों ही किसी भी भवन या भूमि के आकार, अनुपात, दिशा तथा आसपास के वातावरण में पर्यावरण के साथ सामंजस्य बनाए रखने की भारत व चीन की प्राचीन कला है। वास्तु का प्रभाव मकान, दुकान, कारखानें, स्कूल, अस्पताल, धर्मशाला, सार्वजनिक कार्यालय, धार्मिक स्थान, नदी–नाले, श्मशान भूमि, अनैतिक धाम जैसे जुआघर, शराबखाने, वेश्यालय इत्यादि और यहां तक कि सड़क, चौराहा, तिराहा, गली, महल्ला, शहर अर्थात् पृथ्वी पर हर जगह समान रूप से पड़ता है।

आजकल जब भी कोई व्यक्ति नया घर बनाता है तो उसकी बाहरी व आंतरिक साज सज्जा पर बहुत ध्यान देने के साथ–साथ कोशिश करता है कि उसे अधिक से अधिक सुख–सुविधा का लाभ भी मिले, पर इस बात पर कभी भी गंभीरता से विचार नहीं करता कि क्या यह नया भवन उसके जीवन में सुख, समृद्धि, प्रसिद्धि, स्वास्थ्य और शांति का मार्ग प्रशस्त करेगा कि नहीं, आप चाहे महल में ही क्यों न रह रहे हों, जहां सभी प्रकार की भौतिक सुख–सुविधाएं उपलब्ध हों पर वहां मन की शांति न हो, स्वास्थ्य अच्छा न हो, परिवार विभिन्न प्रकार की अनावश्यक परेशानियों से त्रस्त रहता हो, पारिवारिक जीवन दुःखी एवं तनावग्रस्त हो, परिवार में एक के बाद एक दुःखद दुर्घटनाएं हो रही हों तो बताइए ऐसे सुख सुविधाओं भरे महल में रहने से क्या लाभ ?

इस संसार के प्राणी ऐसी परेशानियों से बचे रहें, और सुखद जीवन व्यतीत कर सकें, इसके लिए ही हमारे ऋषि मुनियों ने निरंतर खोज कर वास्तुशास्त्र की रचना की है। वास्तुशास्त्र के सिद्धांत पूर्णतः प्रकृति के अनुकूल हैं। प्राचीन काल में जो मकान, महल, मंदिर, नगर इत्यादि वास्तुशास्त्र के

सिद्धांतों के अनुसार निर्मित किए गए वह आज भी अपना गौरव बढ़ा रहे हैं। जैसे–आंध्र प्रदेश में स्थित तिरुपति बालाजी का मंदिर, बद्रीनाथ का मंदिर, माता वैष्णोदेवी का मंदिर, ताजमहल, खजुराहो के मंदिर, जयपुर शहर इत्यादि हैं। जो भवन वास्तुशास्त्र के सिद्धांतों के अनुसार नहीं बनाए गए वह समय के साथ खंडहरों में बदल गए।

हमें हमारे आसपास ही ऐसे अनेक वास्तु के उदाहरण देखने को मिल जाते हैं, जैसे हम किसी परिचित के घर जाते हैं तो, घर के अंदर जाने पर मन प्रसन्नता से नाच उठता है और वहां बार–बार जाने का मन करता है, जबकि अन्य किसी परिचित के घर के अंदर जाने के बाद घुटन महसूस होती है, भारीपन लगता है, वहां से जल्दी आने का मन करता है और फिर कभी उनके यहां जाने की इच्छा भी नहीं होती है। इसी प्रकार हम अपने आसपास देखते हैं कि पड़ोस के ही किसी मकान में आकर रहने वाले किरायेदार, जीवन के विभिन्न क्षेत्रों में सफलता प्राप्त करते हुए, अपना स्वयं का एक शानदार मकान बनाते हैं, और फिर किराये का मकान छोड़कर अपने बनाए नए मकान में रहने चले जाते हैं। कई मकान ऐसे भी होते हैं, जिसमें जो भी परिवार रहने आता है, वहां आते ही उनके परिवार में दुःखद घटनाओं का सिलसिला चल पड़ता है। परिवार के सदस्य आर्थिक, शारीरिक व मानसिक रूप से परेशान रहते हुए एक दिन मकान छोड़कर चले जाते हैं। कभी–कभी भव्य भवन का निर्माण कर उसमें निवास करने वाले आर्थिक रूप से संपन्न होते हुए भी वंशहीन रह जाते हैं, तदंतर में उस भवन का उपयोगकर्त्ता न होने से वह भवन खंडहर में बदल जाता है। कई फैक्ट्री मालिकों को अपनी फैक्ट्री शुरू करते ही श्रमिक समस्याओं, दुर्घटनाओं, सरकारी छापों आदि से परेशान होकर फैक्ट्री बंद करनी पड़ जाती है। इसके बिलकुल विपरीत ऐसा भी होता है, कि छोटे से स्थान पर कार्य शुरू करके कुछ लोग शीघ्र सफलता प्राप्त कर अपना कारोबार काफी बढ़ा लेते हैं, बहुत धनवान हो जाते हैं, और सुख–समृद्धि भरा जीवन व्यतीत करते हैं।

यदि किसी झोंपड़े को वास्तु अनुरूप बनाया जाए, तो वहां रहने वाले व्यक्ति को अपनी दैनिक आवश्यकताओं की पूर्ति के लिए परेशानियां नहीं

उठानी पड़ती हैं। उसका परिवार तरक्की करता है और परिवार का जीवन धीरे–धीरे सुखद होता चला जाता है। इसके विपरीत यदि किसी बंगले का वास्तु बिगड़ जाए तो, वहां रहने वाले चाहे कितने ही रईस क्यों न हों, पर उन्हें अपनी दैनिक आवश्यकताओं की पूर्ति के लिए भी बहुत कष्ट उठाने पड़ते हैं। धीरे–धीरे उनके ऐश्वर्य और मान–सम्मान में कमी आने लगती है, साथ ही शारीरिक, मानसिक व आर्थिक कष्ट बढ़ने से उनका जीवन दुःखद होता चला जाता है। कुछ वास्तु दोष ऐसे होते हैं, जो शीघ्र ही अपना कुप्रभाव दिखाना शुरू कर देते हैं, अतः इन वास्तु दोषों को सुधारने में कभी भी विलम्ब नहीं करना चाहिए।

वास्तु में इस बात का कोई महत्त्व नहीं है, कि जिस भवन में आप निवास कर रहे हैं, वह भवन आपका अपना है या किराये का, स्थायी निवास स्थान है, या अस्थायी निवास स्थान। जैसे किराये का घर, फ्लैट, दुकान, अस्पताल, होटल इत्यादि। वास्तु हर जगह पूर्ण रूप से प्रासंगिक होता है। उदाहरण के लिए आप किसी नाव में यात्रा कर रहे हैं और उस नाव में सुराख हो जाए तो आप निश्चित ही डूब जाएंगे। अब वह नाव आपकी अपनी हो, या किराये की हो, या आप सिर्फ नदी पार करने के लिए उसमें बैठे हों, इससे कोई फर्क नहीं पड़ता।

इसी के साथ वास्तु के ज्ञाता को भी हमेशा वास्तु में दो चीजों के प्रति विशेष संवेदनशील होना पड़ता है। एक, जो लोग वहां रहते हैं उनकी जरूरतें क्या हैं? दूसरी, उस परिसर की जरूरत क्या है? क्योंकि भवन आखिर उस व्यक्ति के लिए ही है, जो वहां रहता है। योग्य वास्तुशास्त्र ज्ञाता वही है जो उपलब्ध साधनों के भीतर ही भवन मालिक की आवश्यकताओं की पूर्ति और वास्तु सिद्धांतों का उचित समन्वय करता है।

भारतीय वास्तुशास्त्र

भारतीय वास्तुशास्त्र का मूल आधार विश्वव्यापी पंचतत्त्व पृथ्वी, जल, अग्नि, वायु और आकाश है। सम्पूर्ण ब्रह्मांड और हमारा शरीर भी इन्हीं पांच तत्त्वों से बना है। इन महातत्त्वों के अनुरूप घर को बनाना, सजाना, संवारना ही वास्तु कहलाता है। वास्तुशास्त्र, पृथ्वी पर रहने वाली चुम्बकीय प्रभाव की धाराओं एवं सूर्य से मिलने वाली ऊर्जा का वैज्ञानिक तरीके से उपयोग कर अधिकतम लाभ प्राप्त करने का विज्ञान है, इस हेतु यह हमारा मार्गदर्शन करता है। जिससे सूर्य से मिलने वाली सकारात्मक व ऋणात्मक ऊर्जा का सही अनुपात में उपयोग कर हम सुख, शांति, समृद्धि और वैभव प्राप्त कर सकें। यदि आप पांच तत्त्वों में से तीन तत्त्व पृथ्वी, जल व अग्नि के साथ सामंजस्य बैठा लें तो वायु और आकाश के साथ सामंजस्य अपने आप बैठ जाता है।

चीनी वास्तुशास्त्र फेंग शुई

चीनी वास्तुशास्त्र को फेंग शुई कहा जाता हैं। फेंग शुई चीन का लगभग पांच हजार वर्ष पुराना प्राचीन विज्ञान है। फेंग शुई का शाब्दिक अर्थ होता है Wind और Water अर्थात् हवा और पानी। किसी भी भवन के अंदर इन दोनों के सही संतुलन से सकारात्मक ऊर्जा बढ़ती है जिससे सुख–शांति और समृद्धि प्राप्त होती है। फेंग शुई के अनुसार मनुष्य का भाग्य तीन प्रकार का होता है।

- **स्वर्ग से प्राप्त भाग्य** – वह भाग्य जो मनुष्य को पिछले जन्मों के कर्मों के अनुसार प्राप्त होता है।
- **मनुष्य द्वारा प्राप्त भाग्य** – वह भाग्य जो मनुष्य अपने कड़े परिश्रम व लगन से प्राप्त करता है। इसे कर्म भी कहते हैं।
- **पृथ्वी से प्राप्त भाग्य** – यह वह भाग्य होता है जो किसी भी भवन के आकार, अनुपात, दिशा तथा उसके आसपास के वातावरण, घर, दुकान, ऑफिस इत्यादि से प्राप्त होता है। हम फेंग शुई की सहायता से प्रकृति में विद्यमान सकारात्मक एवं नकारात्मक शक्तियां जिन्हें चीन में यिन (Yin) एवं यांग (Yang) के नाम से जाना जाता है, का संयोजन इस प्रकार करते हैं कि यह शक्तियां मानव जीवन के लिए ज्यादा से ज्यादा उपयोगी हों, ताकि मनुष्य सुख, समृद्धि, मानसिक सुख–शांति, स्वास्थ्य आदि को अधिक से अधिक प्राप्त कर सके।

यिन (Yin) एवं यांग (Yang)

भाग्य और वास्तु

भाग्य से बढ़कर कुछ नहीं होता। यदि भाग्य अच्छा हो और वास्तु खराब हो, तब भी व्यक्ति जीवन में सफलता प्राप्त करता है, पर यह सफलता काफी मेहनत व कठिनाईयों के बाद मिलती है। भाग्य अच्छा हो और वास्तु भी अच्छा हो, तब व्यक्ति जीवन में खूब सफलताएं हासिल करता है और यह सफलताएं बिना किसी विशेष मेहनत व परेशानी के प्राप्त हो जाती हैं। यदि भाग्य खराब हो और वास्तु विन्यास अच्छा हो, तो दुःख व परेशानी वाला समय कम तकलीफ के व्यतीत हो जाता है, पर भाग्य खराब हो और साथ ही वास्तु भी खराब हो, तो व्यक्ति का जीवन काफी कष्टप्रद हो जाता है, और यह खराब समय बड़ी कठिनाई के साथ निकलता है।

यह तय है कि दिशा से दशा नहीं बदली जा सकती, परंतु खराब दशा में दिशा ठीक करके राहत जरूर पाई जा सकती है। कई बार लोग कहते हैं कि जो भाग्य में होगा अपने आप मिल जाएगा, तो वास्तु के चक्कर में क्या पड़ना। दोस्तों जब भाग्य में लिखा होता है तब ही हम बीमार पड़ते हैं, और बीमारी में तुरंत डॉक्टर के पास जाकर अपना इलाज करवाते हैं, क्यों? यदि हमारे भाग्य में पुनः स्वस्थ होकर जीना लिखा है, तब तो हम बिना इलाज के ही अपने आप ठीक हो जाएंगे। पर हम भाग्य के भरोसे नहीं बैठते। उसी प्रकार खराब भाग्य के कारण शारीरिक, मानसिक व आर्थिक परेशानियां चल रही हों तब वास्तु के माध्यम से निश्चित ही बहुत राहत पाई जा सकती है। भाग्य को बदलना हमारे हाथ में नहीं है, पर वास्तु विन्यास ठीक कर सुखी जीवन व्यतीत करना हमारे हाथ में है और यही कर्म है।

वास्तुशास्त्र विज्ञान है

वास्तुशास्त्र के सिद्धांत पूर्णतः वैज्ञानिक आधार पर बने हैं। इस बात की पुष्टि हम कुछ वास्तु सिद्धांतों के विश्लेषण से कर सकते हैं। जैसे–

*** ईशान कोण में पानी :** ईशान कोण में स्थित पानी के स्रोत पर पड़ने वाली प्रातःकालीन सूर्य की किरणें पानी में पैदा होने वाले हानिकारक बैक्टीरिया और कीटाणुओं आदि को नष्ट करती है। विज्ञान ने भी स्वीकार किया है कि सूर्य की किरणों में यह शक्ति होती है।

*** पूर्व दिशा में आंगन :** सूर्य की जीवनदायी प्रातःकालीन किरणों का अधिक से अधिक लाभ प्राप्त करने के लिए पूर्व दिशा में आंगन रखने की सलाह दी जाती है ताकि प्रातःकाल धूप में स्नान किया जा सके जो कि अत्यधिक स्वास्थ्यवर्धक होता है।

*** पूर्व दिशा में पेड़ :** बड़ी शाखा एवं मोटी पत्तियों वाले बड़े पेड़ को पूर्व एवं ईशान दिशा में नहीं उगाने चाहिए। यह पेड़ प्रातःकालीन सूर्य की सकारात्मक किरणों को घर में प्रवेश करने में रुकावट पैदा करते हैं।

*** आग्नेय कोण में रसोईघर :** आग्नेय कोण में स्थित रसोईघर में पूर्व दिशा से प्रातःकालीन सूर्य की किरणें प्रवेश करती हैं जो रसोई में पैदा होने वाले हानिकारक बैक्टीरिया एवं कीटाणुओं को नष्ट करती हैं।

*** पश्चिम दिशा की दीवारें ऊंची व मोटी होना :** प्रातःकालीन सूर्य की किरणें तो लाभदायक होती हैं परंतु दोपहर के समय जब सूर्य पश्चिम दिशा में आग उगल रहा होता है उस समय सूर्य की किरणें हानिकारक होती हैं। उन हानिकारक किरणों के संपर्क में हम कम से कम आएं, इस कारण वास्तुशास्त्र में दक्षिण–पश्चिम दिशा में ऊंची व मोटी दीवार बनाने की सलाह दी जाती है।

*** सोते समय सिर दक्षिण में :** मनुष्य का सिर उत्तरी ध्रुव और पैर दक्षिण ध्रुव की भांति कार्य करते हैं। यदि सिर उत्तर की ओर किया जाए तो, पृथ्वी के उत्तरी ध्रुव से दोनों में विकर्षण पैदा होगा परिणामस्वरूप मनुष्य के शरीर में रक्त प्रवाह और नींद में बाधा पैदा होने से तनाव उत्पन्न होगा। इसी कारण वास्तुशास्त्र के अनुसार अच्छे स्वास्थ्य के लिए सोते समय सिर दक्षिण में व पैर उत्तर दिशा की ओर होने चाहिए।

इस प्रकार के अनेक वैज्ञानिक तर्क वास्तुशास्त्र के सिद्धांतों को प्रमाणित करते हैं अतः वास्तु दोषों का निवारण भी वैज्ञानिक तरीके से ही करना चाहिए।

वास्तु दोष होने पर किसी भी प्रकार के टोने - टोटके, पूजा–पाठ, यंत्र–मंत्र–तंत्र, पिरामिड, श्री यंत्र, कुछ गाड़ना या लगाना सब व्यर्थ होता है। यदि किसी मंदिर का वास्तु विन्यास ठीक न हो तो वहां भी ज्यादा लोग दर्शन करने नहीं जाते, मंदिर में चढ़ावा भी ठीक नहीं आता, जबकि स्वयं भगवान वहां विराजमान रहते हैं।

वास्तुशास्त्र एवं फेंग शुई आपके जीवन के हर क्षेत्र में सुधार लाने में सहायता करते हैं। इनकी सहायता से निवास स्थान, व्यवसाय स्थल या ऑफिस इत्यादि भवनों का वास्तु दोष निवारण करने पर चमत्कारिक, सुखद परिवर्तन देखने को मिलते हैं। इसी कारण पूर्व का सदियों पुराना यह विज्ञान आज पश्चिम में भी दिन प्रतिदिन अत्यंत लोकप्रिय होता जा रहा है।

वास्तु में सूर्य का महत्त्व

संपूर्ण ब्रह्मांड का आधार सूर्य है जिसकी ऊर्जा पूरे ब्रह्मांड को जीवन प्रदान करती है। सूर्य की ऊर्जा से ही पृथ्वी पर जीवन है। इस कारण वास्तुशास्त्र में पूर्व व उत्तर की दिशाओं को अत्यधिक महत्त्व दिया जाता है क्योंकि सूर्य से मिलने वाली सकारात्मक ऊर्जा का मुख्य द्वार पूर्व दिशा ही है। किसी भी घर या भवन में सूर्य की ऊर्जा का आगमन ईशान कोण से ही होता हैं। जहां सूर्य की ऊर्जा के साथ अंतरिक्ष की ऊर्जा भी भवन में प्रवेश करती हैं। यह दोनों ऊर्जाएं मिलकर भवन के अंदर एक विशेष ऊर्जा क्षेत्र बनाती हैं जो भवन के निवासियों को सकारात्मक परिणाम देती हैं।

प्राचीन काल में ही मानव इस बात से अच्छी तरह परिचित हो चुका था कि, सूर्य ही जीवनप्रदायक और जीवन–पोषक शक्ति है। सृष्टि के प्रारंभ से ही विभिन्न कालों में विश्व की विभिन्न सभ्यताओं में सूर्य की उपासना यह सिद्ध करती है कि सूर्य का महत्त्व अक्षुण्ण है।

विज्ञान ने भी यह प्रमाणित किया है कि, प्रातःकालीन सूर्य की किरणों में हमारे शरीर के लिए अनेक लाभदायक पदार्थ निहित होते हैं। जब यह सूर्य की किरणें त्वचा पर पड़ती हैं तो हमारे शरीर के लिए आवश्यक विटामिन 'डी' सीधे रक्त द्वारा सोख लिया जाता है। हमें नंगी आंखों से सूर्य की किरणें सफेद दिखाई देती हैं पर उसके अंदर बैंगनी, नीला, श्याम, नारंगी, हरा, लाल और

पीला सात रंग होते हैं। यह रंग भी हमारे स्वास्थ्य पर विशेष प्रभाव डालते हैं। रंग एवं प्राकृतिक चिकित्सा पद्धति में सूर्य की किरणों का बहुत उपयोग होता है। इन किरणों की कांति अनेक प्रकार के कीटाणुओं को नष्ट करती हैं। सूर्योदय के समय की किरणें जो कि अधिक रोशनी और कम गर्माहट वाली होने के कारण सर्वोत्तम होती हैं। इसी कारण वास्तुशास्त्र में पूर्व की ओर अधिक खुला स्थान एवं दरवाजे, खिड़कियां रखने की सलाह दी जाती है ताकि प्रातःकालीन सूर्य की किरणें घर व आंगन में अधिक से अधिक मात्रा में प्रवेश कर सकें। जो हानिकारक बैक्टीरिया और कीटाणुओं को नष्ट कर उस स्थान को शुद्ध करे ताकि, वहां निवास करने वाले स्वस्थ जीवन बिता सकें। उत्तम स्वास्थ्य ही सबसे बड़ी दौलत है।

वास्तुशास्त्र एवं फेंग शुई के उपाय व उनकी सीमा

भारतीय वास्तुशास्त्र में किसी भी भवन के वास्तु दोष निवारण के लिए कई सटीक उपाय हैं और वह पूर्णतः प्रभावशाली भी हैं। पर ज्यादातर उपाय तोड़–फोड़ वाले हैं, अर्थात् जड़ से ही समस्या को हल कर पूर्णतः राहत देने वाले। जैसे ईशान कोण में टॉयलेट का होना अशुभ माना जाता है, तो टॉयलेट को वहां से तोड़कर दूसरी जगह बनाना जरूरी हो जाता है। यदि कुआं, बोरिंग या भूमिगत जल संग्रहण उत्तर पूर्व या ईशान कोण के अलावा कहीं ओर है, तो उसे वहां से पूरी तरह से बंद कर इन दिशाओं पर स्थापित करना पड़ता है।

चीनी वास्तुशास्त्र फेंग शुई का एक सिद्धांत है, कि जहां समस्या है वहां उसका समाधान भी है। फेंग शुई में वास्तु दोष निवारण के लिए कुछ बाहरी व कुछ आंतरिक उपाय हैं, जो **छोटे–छोटे** वास्तु दोष निवारण में सहयोग देते हैं। वास्तु दोष निवारण में फेंग शुई से संबंधित विभिन्न उपयोगी वस्तुएं इस प्रकार हैं –

प्रकाश तथा प्रकाश परावर्तित करने वाली वस्तुएं, सजीव वस्तुएं, सुखद ध्वनियां, गतिशील वस्तुएं, यांत्रिक वस्तुएं, जल, पौधे, रंग इत्यादि।

वास्तुशास्त्र एवं फेंग शुई में दिशा निर्धारण

भारतीय वास्तुशास्त्र में दिशा का निर्धारण करने के लिए चुंबकीय कंपास की जरूरत पड़ती है। किसी भवन का वास्तु विन्यास करते समय भवन के मध्य में चुंबकीय कंपास रखकर दिशा का निर्धारण किया जाता है। इस दिशा निर्धारण के आधार पर ही वास्तु दोषों को दूर किया जा सकता है।

चीनी वास्तुशास्त्र फेंग शुई में दो पद्धतियों का प्रयोग होता है। एक कम्पास पद्धति, जिसमें चाइनीज कंपास लियोपान (Luo pan) का प्रयोग किया जाता है। जिसमें किसी भी व्यक्ति की जन्म तिथि के आधार पर उस व्यक्ति के लिए शुभ–अशुभ दिशाओं का निर्धारण किया जाता है। चमत्कारी वर्ग पर आधारित दूसरी पद्धति पा–कुआ (PA-KUA) होती है, जिसमें हर वास्तु को आठ भागों में बांटा जाता है, जो भवन के मुख्य द्वार या कमरे के द्वार पर आधारित होती है। **इस पद्धति में जहां द्वार होता है, वह हमेशा उत्तर दिशा मानी जाती है। इस पा–कुआ (PA-KUA) पद्धति में किसी भी**

मैगनेटिक कंपास

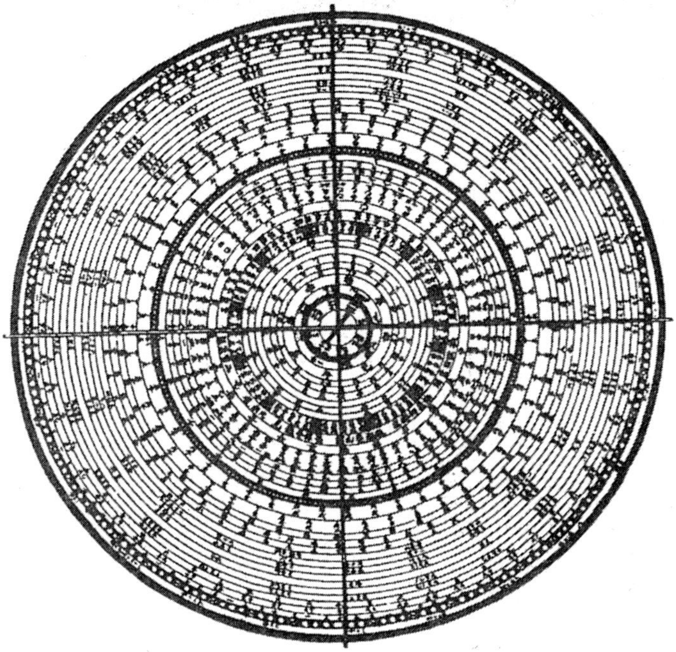

चाइनीज कंपास लियोपान Luo pan

प्रकार के कंपास का उपयोग नहीं होता है। बहुत सी सामान्य समस्याओं में इस पद्धति के उपायों का प्रयोग कर सरलता से लाभ प्राप्त किया जा सकता है। इसी कारण आजकल भारत में यही पद्धति लोकप्रिय हो रही है।

आठ दिशाओं को प्रभावित करने वाले नौ ग्रह

भारतीय वास्तुशास्त्र के अनुसार किसी भी प्लॉट या भवन की आठों दिशाओं को हमारे सौर मंडल में उपस्थित नौ ग्रह प्रभावित करते हैं। प्रत्येक ग्रह किसी एक दिशा का प्रतिनिधित्व करता है जो इस प्रकार हैं–

दिशा	**ग्रह**	**दिशा**	**ग्रह**
पूर्व	सूर्य	आग्नेय	शुक्र
दक्षिण	मंगल	नैर्ऋत्य	राहु
पश्चिम	शनि	वायव्य	चंद्र
उत्तर	बुध	ईशान	गुरु/केतु

वास्तुशास्त्र के अनुसार दिशाएं व कोण

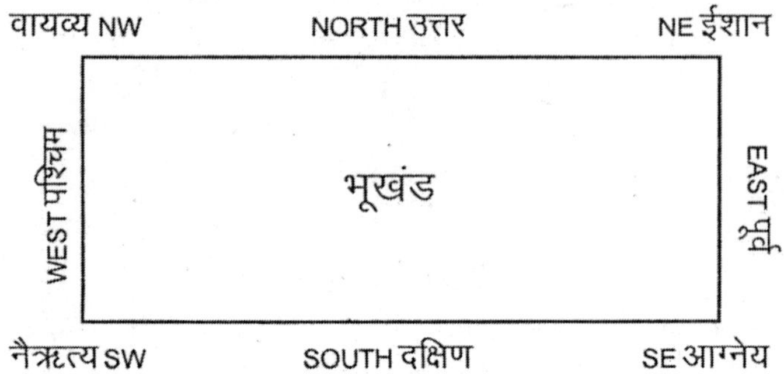

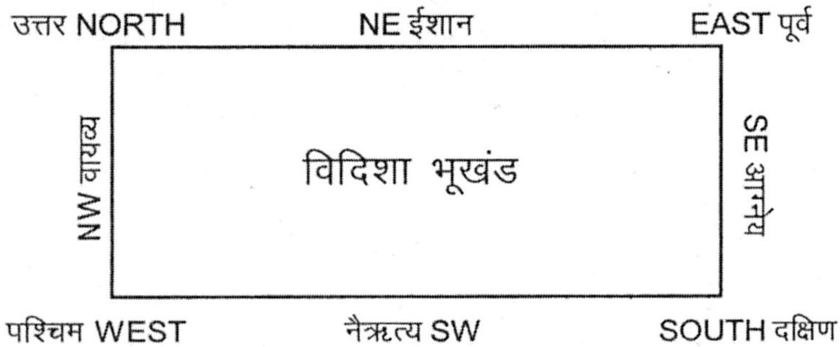

जिस भूखंड में दिशाएं मध्य में न होकर कोने में होती हैं ऐसा भूखंड विदिशा भूखंड कहलाता है।

चार दिशाएं

पूर्व	EAST	सूर्योदय की दिशा
पश्चिम	WEST	सूर्यास्त की दिशा
उत्तर	NORTH	उत्तरी ध्रुव की दिशा
दक्षिण	SOUTH	दक्षिणी ध्रुव की दिशा

चार कोण

ईशान	NORTH-EAST	पूर्व एवं उत्तर मध्य की दिशा
आग्नेय	SOUTH-EAST	दक्षिण एवं पूर्व मध्य की दिशा
नैऋत्य	SOUTH-WEST	दक्षिण एवं पश्चिम मध्य की दिशा
वायव्य	NORTH-WEST	उत्तर एवं पश्चिम मध्य की दिशा

प्लॉट का विभाजन

प्लॉट का वास्तु अनुसार आठ भागों में विभाजन

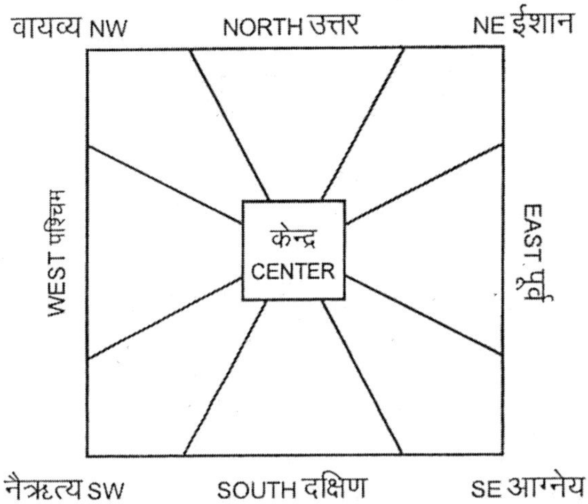

विदिशा प्लॉट का वास्तु अनुसार आठ भागों में विभाजन

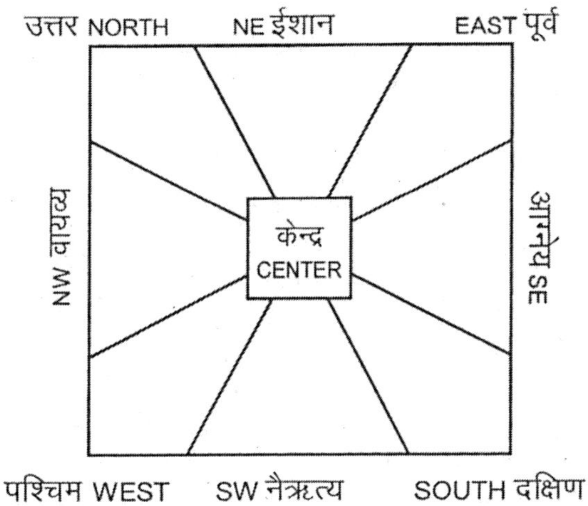

वास्तुशास्त्र में केंद्र को ब्रह्म स्थान कहा जाता है।

फेंग शुई के अनुसार वास्तु का आठ भागों में विभाजन

	आग्नेय SE	SOUTH दक्षिण	SW नैऋत्य	
EAST पूर्व	समृद्धि	प्रसिद्धि	विवाह	WEST पश्चिम
	परिवार	पृथ्वी	संतान	
	ज्ञान व शिक्षा	कैरियर	सहायक मित्र	
	ईशान NE	NORTH उत्तर	NW वायव्य	

मुख्य द्वार इस दिशा में कहीं भी हो सकता है।

फेंग शुई की चमत्कारिक वर्ग पर आधारित पा–कुआ (PA-KUA) पद्धति के अनुसार किसी भूखंड/भवन/कमरे का आठ भागों में विभाजन किया जाता है। **जिसमें मुख्य द्वार की दिशा को सदैव उत्तर दिशा माना जाता है।**

घर की आंतरिक साज–सज्जा वास्तु एवं फेंग शुई

हर व्यक्ति सुंदर, आरामदायक घर बनाने का सपना देखता है। उस सपने में घर के अंदर एक सुरुचिपूर्ण आंतरिक साज–सज्जा की कल्पना करता है। जहां सम्पूर्ण परिवार प्रसन्नचित वातावरण में जीवन का पूर्ण आनंद उठा सके। घर की आंतरिक साज–सज्जा आपके सुरुचिपूर्ण रहन–सहन का आईना भी होती है।

जब मैं आगरा के श्री गुप्ता जी के बंगले का वास्तु देखने गया, तो मैंने देखा कि गुप्ता जी ने अपने ड्राइंग रूम की आंतरिक साज–सज्जा पर बहुत पैसा खर्च किया था। अफसोस कि उनके ड्राइंग रूम की सजावट सुरुचिपूर्ण नहीं थी। उन्होंने ड्राइंग रूम में प्लेसमेंट ऑफ फर्नीचर सही ढंग से नहीं कर रखा था। जरूरत से ज्यादा बेतरतीब ढंग से रखे हुए फर्नीचर के कारण वहां सकारात्मक ऊर्जा का प्रवाह सही ढंग से नहीं हो पा रहा था। ड्राइंग रूम में अंदर जाते समय संभलकर चलना पड़ा, कि कहीं ठोकर न लग जाए। ड्राइंग रूम में बैठने पर असहजता व घुटन महसूस हो रही थी। ड्राइंग रूम के अंदर टी.वी. शोकेस ईशान कोण में रखा था। एक वाल यूनिट पूर्व में व एक वाल यूनिट उत्तर की दीवार से सटाकर टी.वी. शोकेस के आस–पास रखी थी। सोफा सेट उत्तर व पूर्व दिशाओं में रखा हुआ था। भारतीय बैठक व्यवस्था दक्षिण में थी। अन्य छोटी–मोटी चीजें भी वास्तु अनुरूप नहीं रखी हुईं थीं। मैंने उन्हें ड्राइंग रूम के फर्नीचर को वास्तु अनुरूप ढंग से रखने की सलाह दी। गुप्ता जी ने तुरंत अपने दोनों नौकरों के सहयोग से लगभग आधे घंटे के अंदर ही ड्राइंग रूम के फर्नीचर को वास्तु अनुरूप ढंग से लगवा दिया। टी.वी. शोकेस दक्षिण आग्नेय में रखवाया, और दोनों वाल यूनिट दक्षिण नैऋत्य व

पश्चिम नैऋत्य में रखवाई। सोफा सेट दक्षिण पश्चिम में रखवाया। बैठने की कुर्सी पूर्व दिशा की ओर लगवायी व अन्य छोटी–मोटी वस्तुओं को भी सही ढंग से लगवाया। इतना परिवर्तन होते ही उनका ड्राइंग रूम पहले से काफी सुंदर व बड़ा–बड़ा दिखने लगा। अब वही ड्राइंग रूम या जहां थोड़ी देर पहले घुटन महसूस हो रही थी, अब वहां बैठकर चाय पीने में खूब आनंद आ रहा था। गुप्ता जी ड्राइंग रूम के चारों ओर बार–बार नजरें घुमाकर अपनी प्रसन्नता व्यक्त कर रहे थे।

यदि किसी भी घर की आंतरिक साज–सज्जा वास्तु एवं फेंग शुई के सिद्धांतों के अनुसार की जाए, तो निश्चित रूप से वहां सकारात्मक ऊर्जा का प्रवाह निर्बाध रूप से होता है, और वह घर खुला–खुला, बड़ा–बड़ा दिखाई देता है, साथ ही सुंदर भी लगता है।

❑ वास्तु अनुरूप सुंदर साज सज्जा के लिए घर के अंदर बने सभी कमरे आयताकार या वर्गाकार हों तो अच्छा रहता है। वास्तु अनुरूप बने घर में सुखद व शानदार जीवन बिताया जा सकता है।

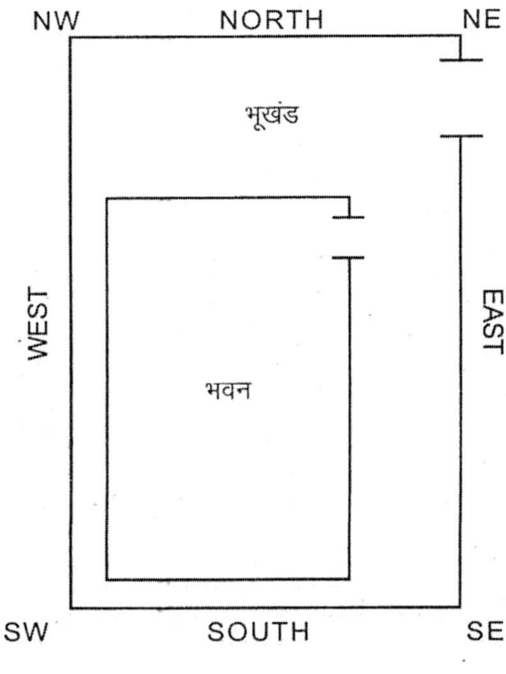

भूखंड पर भवन निर्माण की आदर्श स्थिति

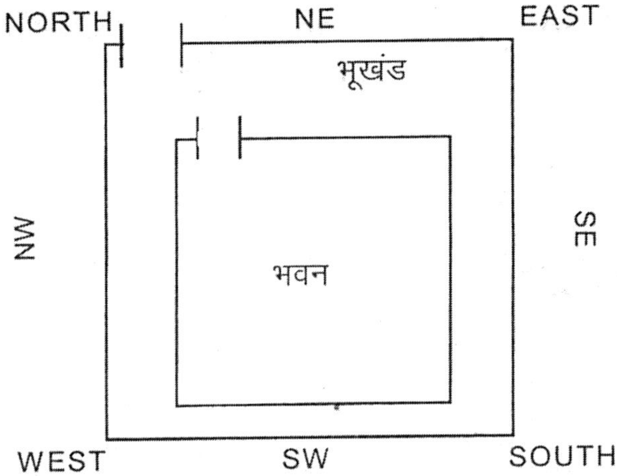

विदिशा भूखंड पर भवन निर्माण की आदर्श स्थिति

वास्तु अनुरूप द्वार का स्थान

❑ घर के सभी कमरों में द्वार, चित्र में जहां राइट के निशान लगे हैं के अनुसार होगा, तो हर कमरे की साज–सज्जा (प्लेसमेंट ऑफ फर्नीचर) वास्तु अनुकूल होकर सुंदर, सुखद व खुली–खुली होगी।

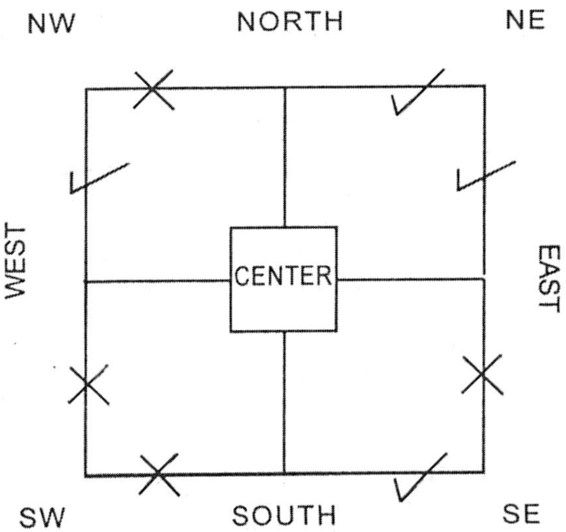

वास्तु अनुरूप द्वार का स्थान

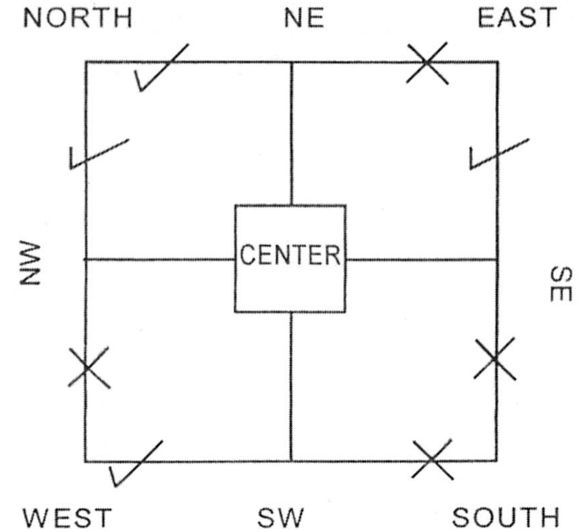

विदिशा भूखंड पर वास्तु अनुरूप द्वार का स्थान

❑ घर में असली या नकली पेड़–पौधे, गुलदस्ते रखना शुभ होता है। इससे घर भी आकर्षक लगता है। ध्यान रहे कांटेदार, दूध वाले पौधे, कैक्टस इत्यादि कभी भी नहीं लगाने चाहिए।

❑ किसी भवन व उसके कमरों में पूर्व, पूर्व आग्नेय, उत्तर व उत्तर वायव्य में अधिक वजन नहीं रखना चाहिए। उत्तर ईशान व पूर्व ईशान को एकदम हल्का या खाली ही रखना चाहिए। दक्षिण और पश्चिम में अधिक वजन रखा जा सकता है। नैऋत्य कोण में सबसे अधिक वजन रखना चाहिए। ध्यान रहे, मध्य अर्थात् ब्रह्म स्थान खाली रखना वास्तु अनुकूल होकर शुभ होता है।

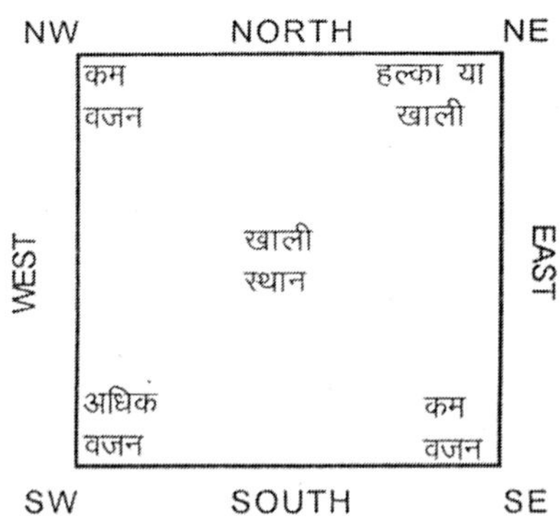

❑ घर के किसी भी कमरे की दीवारों एवं परदों पर कहीं भी हिंसक पशु पक्षियों के, उदासी भरे, रोते हुए, डूबते हुए सूरज या जहाज के, ठहरे हुए पानी की तस्वीरें, पेंटिंग या मूर्तियां न लगाएं, यह जीवन में निराशा व तनाव के साथ–साथ आर्थिक नुकसान भी करती हैं।

❑ घर का हर कमरा रोशनी से भरपूर व हवादार होना चाहिए। कमरों में रोशनदान व खिड़कियों पर शीशे हल्के रंग के ही होने चाहिए। चाहें तो पारदर्शी शीशे भी लगवा सकते हैं।

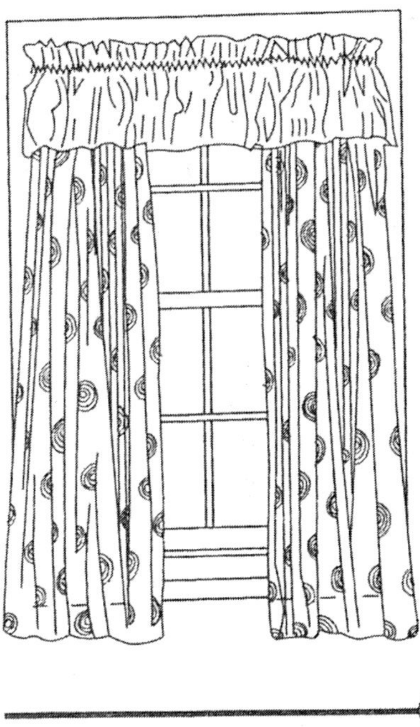

❑ घर की दीवारों का रंग–रोगन सुरुचिपूर्ण हल्के रंग का करना चाहिए। इससे परिवार में शांति रहती है। गहरे रंग शुरू में तो अच्छे लगते हैं, पर धीरे–धीरे वहां रहने वालों के स्वभाव में उग्रता लाते हैं।

❑ घर में परदे भी हल्के रंग के लगाने चाहिए। यदि परदों में सुंदरता बढ़ाने के लिए गहरे रंग का थोड़ा कॉम्बीनेशन देना चाहें तो दे सकते हैं।

❑ निवास स्थान पर ईशान कोण अर्थात् नार्थ ईस्ट में टॉयलेट होने से पैसा फलश होता है जिससे आर्थिक कष्ट आते हैं। आजकल टॉयलेट, बाथरूम बहुत ज्यादा सजाने का फैशन चल रहा है। यह वास्तु विपरीत कार्य है क्योंकि टॉयलेट ज्यादा सजाने से मकान में एकत्रित सकारात्मक ऊर्जा फलश हो जाती है।

अलमारी

❑ उत्तर दिशा के स्वामी धन के देवता कुबेर हैं अतः वह अलमारी जिसमें आप नगद व आभूषण रखते हैं उसे निवास स्थान की उत्तर दिशा में रखने से उसमें हमेशा बरकत रहती है, नकदी व आभूषण बढ़ते रहते हैं।

❑ घर में जिस अलमारी मे नकद व आभूषण रखे जाते हैं, उसे दक्षिण या पश्चिम की दीवार से सटा कर रखें ताकि दराज उत्तर या पूर्व दिशा की ओर खुल सके, ईशान कोण में कभी भी तिजोरी या अलमारी नहीं रखनी चाहिए, इससे आर्थिक हानि होती है।

❑ घर के अंदर द्वार से आते समय दाएं तरफ फिश पॉट रखना चाहिए, जिसमें आठ मछलियां लाल या सुनहरी रंग की व एक काले रंग की होनी चाहिए। फिश पॉट रखने से घर की सुंदरता के साथ–साथ परिवार में धन एवं समृद्धि बढ़ती है।

ड्राइंग रूम की साज सज्जा

यदि घर के साथ–साथ ड्राइंग रूम की आंतरिक साज सज्जा भी नीचे वास्तु एवं फेंग शुई के सिद्धांतों के अनुरूप की जाए तो आप आपके घर आए अतिथियों के साथ स्नेह व सौहार्दपूर्ण वातावरण में बैठकर अधिकतम आनंद प्राप्त कर सकते हैं। इसके साथ ही आपका अतिथियों पर अच्छा प्रभाव भी पड़ता है।

- ड्राइंग रूम मकान के उत्तर या पूर्व भाग में मुख्य द्वार के पास ही बनाया जाना शुभ होता है ताकि अतिथि का घर में प्रवेश सीधा इसी कमरे में हो।
- ड्राइंग रूम में सोफा सेट, दीवान, शोकेस इत्यादि दक्षिण या पश्चिम की दीवार से सटाकर रखने चाहिए। ईशान कोण में भारी वस्तुएं जैसे सोफा सेट, अलमारी, दीवान इत्यादि नहीं होने चाहिए।
- ड्राईंग रूम एवं बेड रूम में सर्दियों के लिए हीटर आग्नेय कोण में व गर्मियों के लिए ए.सी. या कूलर वायव्य कोण में लगाना अच्छा होता है।

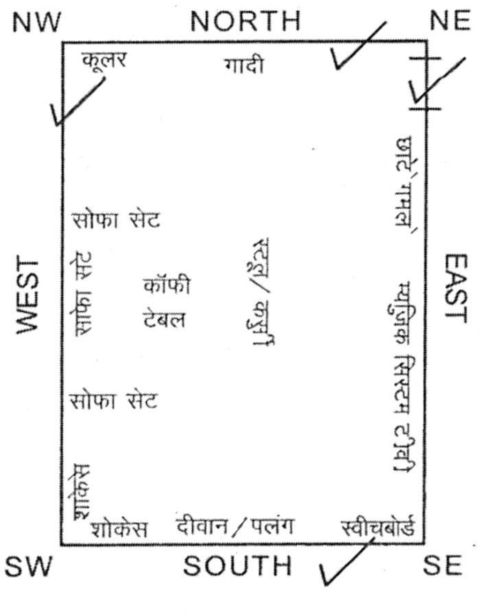

वास्तु अनुरूप ड्राइंग रूम

❑ ड्राइंग रूम में टेलिफोन नैऋत्य या वायव्य कोण छोड़कर कहीं भी रख सकते हैं। टी.वी., म्यूजिक सिस्टम इत्यादि आग्नेय कोण में पूर्व की दीवार के साथ रखने चाहिए।

❑ ड्राइंग रूम में लाइट की व्यवस्था इच्छानुसार कर सकते हैं। झूमर, झाड़फानूस ड्राइंग रूम के मध्य में न लगाते हुए यदि दक्षिण पश्चिम नैऋत्य की ओर बढ़ाकर लगाया जाए तो शुभ होता है। स्विच बोर्ड आग्नेय कोण में होना चाहिए।

❑ ड्राइंग रूम में दीवान पश्चिम या दक्षिण दीवार के सहारे इस प्रकार रखना चाहिए, कि यदि उस पर कोई सोना चाहे तो सिरहाना दक्षिण दिशा में हो।

❑ ड्राइंग रूम में सोफा सेट की सेंटर टेबल व अन्य फर्नीचर चौकोर या आयताकार होने चाहिए, यह कभी भी गोल, अंडाकार या त्रिभुजाकार एवं अन्य आकार के नहीं होने चाहिए।

❑ ड्राइंग रूम में भारतीय बैठक व्यवस्था (गादी) रखना चाहें तो उत्तर वायव्य से लेकर मध्य पूर्व तक बना सकते हैं ।

❑ घर के स्वामी को ड्राइंग रूम में हमेशा पूर्व मुखी या उत्तरमुखी होकर ही बैठना चाहिए, ताकि घर पर आने वाले मेहमानों पर अच्छा प्रभाव पड़े।

❑ घर के सदस्यों को अपना अधिकांश समय ड्राइंग रूम में ही बिताना चाहिए। ड्राइंग रूम में विभिन्न प्रकार की बैठक व्यवस्था जैसे सोफा, गादी, दीवान, कुर्सी, स्टूल इत्यादि होने से परिवार में आपसी स्नेह सोहार्द्र बढ़ता है। केवल एक जैसी बैठक व्यवस्था होने से घर के सभी सदस्य एक ऊंचाई पर बैठते हैं इससे उनमें आपसी टकराव होता रहता है।

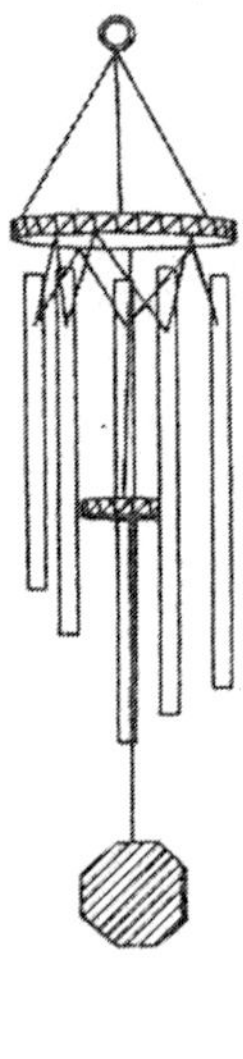

❑ फेंग शुई के अनुसार अच्छे सौभाग्य के लिए ड्राइंग रूम में द्वार से अन्दर जाते समय दाएं हाथ के कोने में छः छड़ों वाली पवन घंटी (विंड चाइम्स) लटकाना सौभाग्य में वृद्धि करता है।

❑ फेंग शुई के अनुसार समृद्धि, सफलता व खुशहाली के लिए धन–दौलत के देवता हंसते हुए बुद्ध की मूर्ति को ड्राइंग रूम के अंदर द्वार के सामने स्थापित करना चाहिए। यह मूर्ति लगभग 30 इंच ऊंचाई पर इस प्रकार रखनी चाहिए कि द्वार से ड्राइंग रूम में अन्दर आते समय सीधी नजर उन पर पड़े। ध्यान रहे, इस देवता की आराधना नहीं की जाती। घर में सकारात्मक ऊर्जा को आमंत्रित करने के लिए केवल सजाकर रखा जाता है।

❑ फेंग शुई के अनुसार ड्राइंग रूम में मुख्य प्रवेश द्वार के सामने वाली दीवार का मध्य भाग प्रसिद्धि का क्षेत्र होता है। वहां पर लाल रंग के बार्डर के साथ अपना मुस्कराता हुआ अच्छा सा फोटो अवश्य लगाएं। यह आपकी प्रतिष्ठा, नाम व साख बढ़ाने का शानदार उपाय है। यदि आप अपना फोटो न लगा सकें तो कोई भी लाल रंग की तस्वीर लगाएं, नहीं तो लाल रंग के प्लास्टिक के फूल का प्रयोग कर सकते हैं।

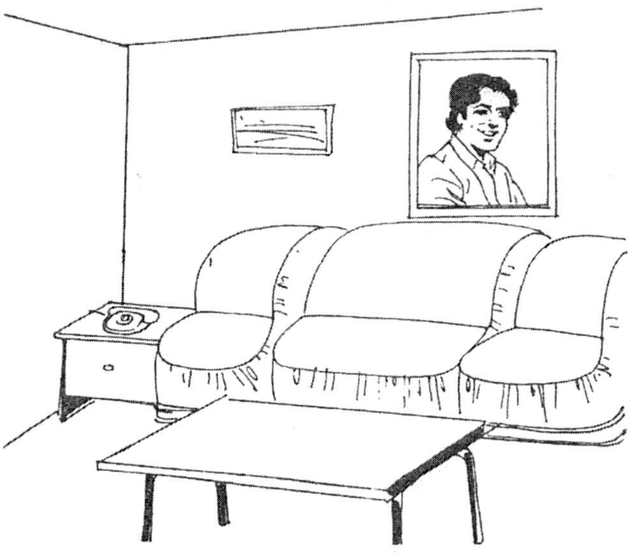

❑ ड्राइंग रूम में प्रवेश द्वार के बायीं ओर की दीवार के मध्य में पूरे परिवार का मुस्कराता हुआ फोटो लगाना अत्यंत शुभ होता है। इससे परिवार में प्रेम व सोहार्द्र बढ़ता है। बेड रूम मे लव बर्ड्स या बतख के जोड़े का चित्र रखना शुभ होता है।

डाइनिंग रूम

❑ डाइनिंग टेबल को डाइनिंग रूम की पश्चिम दिशा में रखना शुभ होता है। ध्यान रहे डाइनिंग टेबल के ऊपर किसी प्रकार का कोई लटकता हुआ बीम या टांड नहीं होनी चाहिए। यदि जगह के अभाव के कारण बीम के नीचे डाइनिंग

टेबल रखना मजबूरी हो, तो फेंग शुई के अनुसार बीम के दोनों ओर 2 बांसुरी लाल रिबन में बांधकर 45^0 कोण में लगाकर इस दोष को दूर किया जा सकता है।

❑ डाइनिंग टेबल के बिलकुल सामने बड़ा शीशा लगाना चाहिए, जिससे टेबल पर रखी हुईं खाने की चीजें दुगुनी दिखाई देती हैं। इससे घर में कभी अन्न की कमी नहीं होती है।

❑ फेंग शुई के अनुसार गोलाकार डाइनिंग टेबल उत्तम होती है। आयताकार या वर्गाकार डाइनिंग टेबल भी अच्छी मानी जाती है।

❑ डाइनिंग टेबल में कुर्सियों की संख्या सम हो तो अच्छा होता है। जैसे चार, छः या आठ।

❑ यदि डाइनिंग रूम में सीढ़ियां हों तो डाइनिंग टेबल इस प्रकार रखनी चाहिए की वह सीढ़ियों के सामने न आए।

❑ डाइनिंग रूम में फ्रिज रखना चाहें तो कमरे के पश्चिम में रख सकते हैं और हॉटकेस को आग्नेय कोण में रखना चाहिए।

❑ डाइनिंग रूम में क्रॉकरी रखने की अलमारियां दक्षिण या पश्चिम की दीवार के सहारे बनानी चाहिए ताकि यह उत्तर या पूर्व की ओर खुल सकें। सुरक्षा की दृष्टि से अलमारियों पर स्लॉइडिंग डोर भी रख सकते हैं।

❑ खाना खाते समय टी. वी. देखना स्वास्थ्य की दृष्टि से वर्जित है। अतः डाइनिंग रूम में टी.वी., वी.सी.डी. प्लेयर नहीं रखना चाहिए।

बेड रूम

मास्को में कार्यरत प्रोफेसर मि. सुरेश अपनी पत्नी के साथ मुझे अपने बंगले का वास्तु विन्यास करवाने लेकर गए। रास्ते मे बातचीत बड़े खुशनुमा माहौल में होती रही। पर जब मैंने उनका बेड रूम देखा तो वह कुछ और ही कहानी कह रहा था। मेरे पूछने पर उन्होंने स्वीकार किया कि महीने में लगभग दस बारह दिन हमारे संबंध काफी तनावपूर्ण रहते हैं, काफी वाद–विवाद भी होता रहता है। उनके बेड रूम के पलंग के नीचे काफी कबाड़ भरा हुआ था दीवार पर लगी पेंटिंग में दो हिरणों को आपस में सींग से लड़ते हुए दिखाया गया था।

इसी प्रकार अहमदाबाद के संयुक्त परिवार मे रहने वाले व प्रतिष्ठित व्यापारी श्री कलवानी जी अपने खराब स्वास्थ्य व तनाव भरे दांपत्य जीवन के बारे में चर्चा की और कहा की आप चलकर मेरे घर का वास्तु देखें। उसी मकान में मेरे दोनों भाई सुखद दांपत्य जीवन बिता रहे हैं, और मैं परेशान हूं। जब मैंने उनका बेड रूम देखा तो समझ में आ गया कि तनाव का कारण क्या है। उनके पलंग के सिरहाने के ऊपर बीम था साथ ही पलंग का सिरहाना उत्तर दिशा की दीवार से लगा हुआ था। कमरे में महाभारत के युद्ध की पेंटिंग भी लगी हुई थी।

प्रोफेसर सुरेश के यहां पलंग के नीचे का कबाड़ हटवाया गया व लड़ते हुए हिरण की पेंटिंग हटवाकर उसकी जगह मि. और मिसेज सुरेश की हंसते हुए की फोटो लगाई गयी। श्री कलवानी जी के यहां पलंग दक्षिण दिशा की दीवार से लगाया गया ताकि सोते वक्त उनका सिर दक्षिण की ओर और पैर उत्तर की ओर हों और पलंग का स्थान परिवर्तन होने से बीम का दोष भी समाप्त हो गया। साथ ही महाभारत की पेंटिंग हटाई गई। आज दोनों दंपती काफी स्नेह भरा प्रसन्न जीवन जी रहे हैं।

यदि कोई भी दंपती अपने बेड रूम में भारतीय वास्तुशास्त्र एवं चाईनीज वास्तुशास्त्र फेंग शुई के निम्नलिखित साधारण नियमों का पालन करे तो जीवन काफी आनन्द भरा, सुखद, सरल व स्नेहमय हो सकता है।

❑ घर में किसी भी पलंग के नीचे कुछ सामान रखने की जगह है तो उसमें बिस्तर या ऑफ सीजन के कपड़े ही रखें। पलंग को कबाड़ खाना न

बनाएं। पलंग के नीचे कबाड़ रखने से उस पर सोने वालों के मध्य आए दिन छोटी–छोटी बातों के लेकर विवाद पैदा होता रहता है।

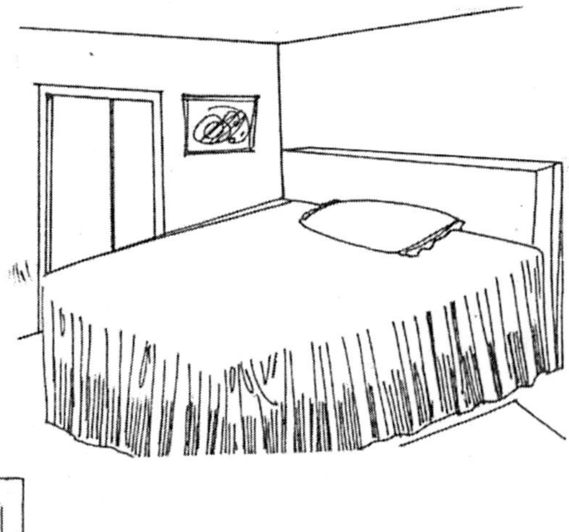

❑ किसी भी कमरे में पलंग इस प्रकार रखना चाहिए कि दोनों तरफ से पलंग को उपयोग में लाया जा सके पलंग कभी भी एक तरफ से दीवार से सटा हुआ नहीं होना चाहिए।

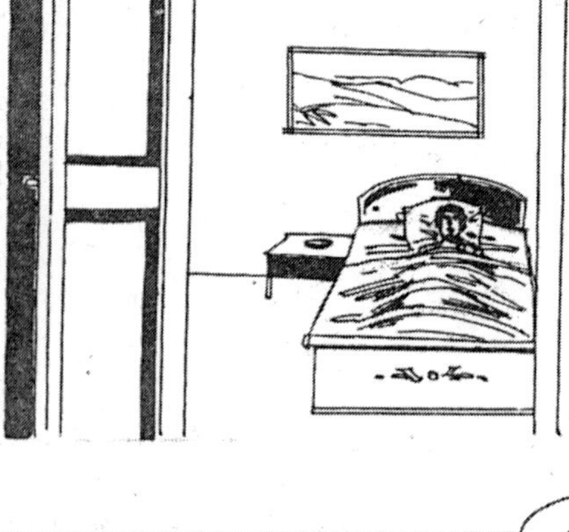

❑ प्रवेशद्वार के सामने की ओर पैर करके सोना अशुभ होता है अतः पलंग बेडरूम के प्रवेश द्वार के सामने नहीं होना चाहिए। बेड रूम में पलंग इस तरह से लगाना चाहिए कि आदमी लेटे हुए मुख्य द्वार की ओर देख सके।

❑ पलंग के ऊपर किसी प्रकार का बीम, परछत्ती या पंखा इत्यादि होना काफी अशुभ होता है। इससे मानसिक तनाव बढ़ता है। बेड रूम के ऊपर ओवर हेड वाटर टैंक होना भी अशुभ होता है।

❑ बेड रूम में किसी प्रकार का शीशा लगाना अच्छा नहीं होता और खास कर छत पर। यदि ड्रेसिंग टेबल रखना चाहें तो पलंग के दाएं या बाएं रख सकते हैं पर सामने नहीं।

❑ विवाहित दंपती के कमरे मे मंदिर नहीं होना चाहिए। छोटा मकान होने पर यदि मजबूरन मंदिर रखना पड़े तो उस पर परदा लगाएं।

❑ बेड रूम में सोफा, टेबल, टी टेबल, टी.वी., कम्प्यूटर, कूलर इत्यादि रख सकते हैं। ध्यान रहे फिश पॉट कभी भी बेड रूम में नहीं रखना चाहिए। यदि रात को पीने का पानी रखना हो तो ईशान कोण में रख सकते हैं।

❑ बेड रूम में कपड़े व जेवर रखने की अलमारियां दक्षिण पश्चिम की दीवार के साथ लगाएं। इस प्रकार उत्तर व पूर्व की ओर खुलने वाली अलमारियों में पैसा व जेवर रखने से उनमें और वृद्धि होती है। अलमारियों में किसी प्रकार की अनुपयोगी वस्तुएं नहीं रखनी चाहिए इससे नकारात्मक ऊर्जा पैदा होती है।

❑ बेड रूम में एक से ज्यादा प्रवेशद्वार नहीं होने चाहिए नहीं तो सकारात्मक ऊर्जा एक दरवाजे से आकर दूसरे से बाहर हो जाती है। खिड़कियां दो–तीन रख सकते हैं।

❑ अच्छी नींद व अच्छे स्वास्थ्य के लिए बेड रूम को शांत रंगों से सजाएं। तकिया ज्यादा सुंदर न सजाएं। ज्यादा सुन्दर तकिए के आसपास काफी ऊर्जा एकत्रित हो जाती है जो आपकी नींद खराब करती है।

❑ बेड रूम के अंदर कभी भी गमले व पौधे न सजाएं इनमें से रात को निकलने वाली कार्बन डाईआक्साइड स्वास्थ्य को नुकसान पहुंचाती है। हम अधिकतर समय बेड रूम में बिताते हैं, अतः बेड रूम खुला व हवादार होना चाहिए।

❑ फेंग शुई के अनुसार बेड रूम के प्रवेश द्वार के सामने दाईं ओर के कोने में यदि पति–पत्नी स्वयं का जोड़े में मुस्कराता हुआ फोटो लगाएं तो शुभ होता है। आपस में प्रेम बढ़ता है। ध्यान रहे जब भी बेड रूम में कोई फोटो लगाएं तो जोड़े में लगाएं।

❑ फेंग शुई के अनुसार चीन में पियोनिया फूल का संबंध स्त्रियों से माना जाता है। अतः कन्याओं के बेड रूम में द्वार के सामने की दीवार के कोने में पियोनिया के फूल रखना या फोटो लटकाना शुभ होता है।

❑ फेंग शुई के अनुसार कन्याओं के बेड रूम की दीवारों या पर्दों का रंग हल्का गुलाबी होना शुभ होता है।

बेड रूम

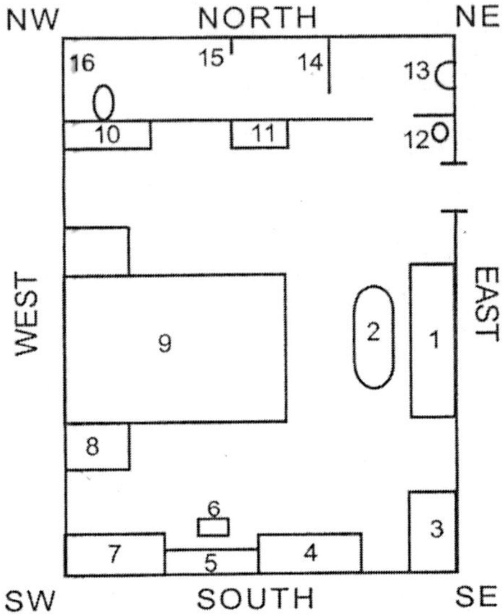

1. सोफा
2. कॉफी टेबल
3. टी.वी. / कम्प्यूटर
4. अलमारी पत्नी के लिए
5. ड्रेसिंग टेबल
6. स्टूल
7. अलमारी पति के लिए
8. बेड साइड टेबल
9. पलंग
10. शोकेस / अलमारी
11. कूलर / फ्रिज
12. पीने का पानी
13. वॉश बेसिन
14. परदा / दरवाजा
15. शॉवर
16. कमोड

स्टडी रूम

❑ बच्चों का स्टडी रूम (अध्ययन कक्ष) हो सके तो भवन के पश्चिम या ईशान कोण में ही बनाना चाहिए। भवन के नैऋत्य व आग्नेय मे कभी भी अध्ययन कक्ष नहीं बनाना चाहिए।

❑ विद्यार्थियों का स्टडी टेबल इस प्रकार रखें कि पढ़ते समय मुंह पूर्व या उत्तर की ओर रहे। विद्यार्थियों को दरवाजे की तरफ पीठ करके कभी भी अध्ययन नहीं करना चाहिए।

❑ यदि विद्यार्थी कम्प्यूटर का प्रयोग करते हैं, तो कम्प्यूटर अध्ययन कक्ष के आग्नेय से लेकर दक्षिण व पश्चिम के मध्य कहीं भी रख सकते हैं।

❑ विद्यार्थी चाहें तो अपने स्टडी रूम में सो भी सकते हैं अर्थात् कमरे को स्टडी कम बेड रूम बनाया जा सकता है। विद्यार्थियों को सदैव दक्षिण या पश्चिम की ओर सिरहाना करके सोना चाहिए।

❑ पुस्तकों के रैक दक्षिण या पश्चिम में रखे जा सकते हैं। पर इन्हें नैऋत्य व वायव्य कोण में नहीं रखना चाहिए। क्योंकि नैऋत्य के रैक की पुस्तकें बच्चे निकाल कर कम पढ़ते हैं व वायव्य में पुस्तकें चोरी होने का भय रहता है।

❑ पुस्तकें स्टडी रूम में खुले रैक्स में ना रखें। खुली पुस्तकें नकारात्मक ऊर्जा उत्पन्न करती हैं, इनसे स्वास्थ्य भी खराब होता है अतः रैक्स के ऊपर दरवाजा अवश्य लगाएं।

❑ स्टडी रूम की दीवारों व परदों का रंग हल्का आसमानी, हल्का हरा, हल्का बादामी हो तो बेहतर है। सफेद रंग करने पर विद्यार्थियों पर सुस्ती छाई रहती है।

❑ यदि कमरे में एक से अधिक बच्चे पढ़ते हैं तो उनके हंसते मुस्कराते हुए सामूहिक फोटो स्टडी रूम में अवश्य लगाएं, इससे उनमें मिल जुलकर रहने की भावना विकसित होगी।

❑ स्टडी रूम के मुख्य द्वार वाली दीवार के बाएं कोने में अंदर जाते समय स्फटिक का गोला लटकाएं, शानदार सफलता देगा। फेंग शुई के अनुसार यह ज्ञान व शिक्षा का क्षेत्र है, इससे उनमें वृद्धि होगी।

विद्यार्थियों का आदर्श स्टडी कम बेड रूम

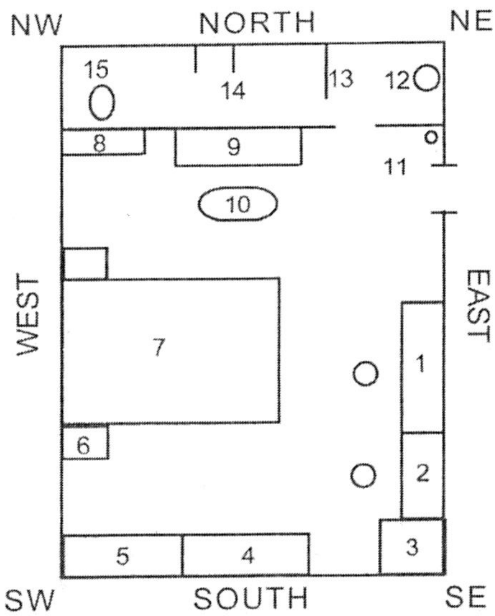

1. स्टडी टेबल
2. कम्प्यूटर
3. टी.वी.
4. पुस्तकों की रैक्स
5. अलमारी
6. बेड साइड टेबल
7. बेड
8. ड्रेसिंग टेबल
9. सोफा
10. टी टेबल
11. पीने का पानी
12. वॉश बेसिन
13. परदा
14. नल
15. कमोड

रसोईघर की साज सज्जा

जीवन में आग व पानी का बहुत महत्त्व है। वास्तुशास्त्र में भी पानी पैसे का प्रतीक है एवं अग्नि मानसिक स्थिति की। मकान चाहे अमीर का हो या गरीब का उसमें रसोईघर अवश्य होता है। इसलिए अच्छी मानसिक स्थिति बनाए रखने के लिए मकान में रसोईघर (अग्नि) की व्यवस्था उचित ढंग से की जानी चाहिए।

कुछ समय पूर्व जब लंदन के हीथ्रो एयरपोर्ट से मि. पटेल अपनी पत्नी के साथ मुझे कार से अपने घर ले जा रहे थे तब रास्ते में बातचीत के दौरान मैंने महसूस किया कि उनकी पत्नी उन्हें उचित सम्मान नहीं दे रही थी, तभी मुझे महसूस हुआ की हो न हो इनके रसोईघर का द्वार मकान के मुख्य द्वार के बिलकुल सामने होना चाहिए। घर पहुंचने पर देखा तो मेरा सोचना बिलकुल सही था।

पिछले दिनों मेरे मित्र सुनील ने जिनका दो साल पूर्व पूना शहर में ट्रांसफर हो गया था। एक दिन मुझे फोन करके बताया कि जब से पूना आया हूं अच्छी खासी नौकरी होने के बाद भी मेरी आर्थिक स्थिति दिन पर दिन खराब होती जा रही है साथ ही मानसिक रूप से भी काफी परेशान रहने लगा हूं लगता है कि मेरे फ्लैट में कोई वास्तु दोष है। जब मैंने पूना जाकर देखा तो पाया कि सुनील के फ्लैट में रसोईघर ईशान कोण में था और चूल्हा भी ईशान कोण में ही बने प्लेटफार्म पर रखा था।

किसी भी गृहिणी का अधिकतम समय रसोईघर में ही बीतता है अतः रसोईघर बनाते वक्त वास्तु एवं फेंग शुई के नीचे लिखे सामान्य नियमों का पालन किया जाए तो भवन में रहने वाले काफी सुखद एवं तनाव रहित जीवन बिता सकते हैं।

❑ रसोईघर के फर्श पर ग्रेनाइट कभी ना लगाएं। सिर्फ रसोई के प्लेटफार्म पर काले रंग का ग्रेनाइट लगा सकते हैं।

❑ रसोईघर में बर्तन व अन्य सामान रखने के लिए टांड या अलमारी दक्षिण–पश्चिम दीवारों पर ही बनानी चाहिए पूर्व व उत्तर की दीवारों पर कभी न बनाएं।

❑ रसोईघर में पानी पीने के मटके व नल उत्तरी पूर्व कोने में होने चाहिए। बर्तन इत्यादि धोने का सिंक रसोई के उत्तर में होना शुभ होता है।

❑ मकान के आग्नेय कक्ष के आग्नेय कोने में चूल्हे का प्रबंध करना अति उत्तम होता है, अतः रसोई में चूल्हा रखने का प्लेटफार्म पूर्व दिशा में बनाना चाहिए। ताकि चूल्हा पश्चिम मुखी रखा जा सके और भोजन बनानें वाला पूर्व मुखी होकर भोजन बना सके।

❑ रसोईघर में फ्रिज उत्तर–पश्चिम दिशा में रखना शुभ होता है। रेफ्रीजिरेटर को हमेशा भरा हुआ रखना चाहिए। इससे खाने पीने के पदार्थों में काफी वृद्धि होती है। मिक्सर व अन्य विद्युत उपकरण दक्षिण दिशा में प्लेटफार्म बनाकर रख सकते हैं।

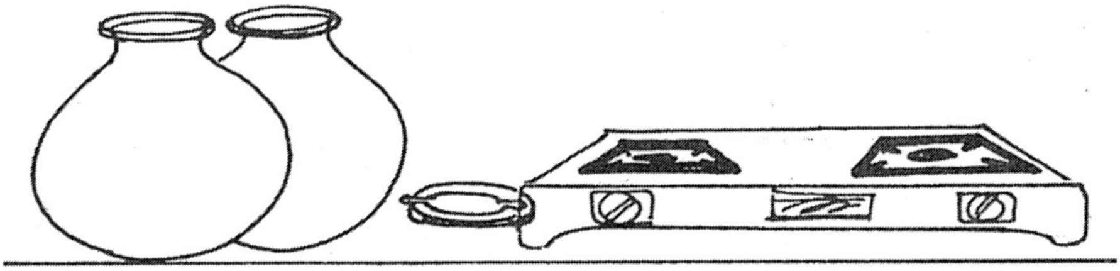

❑ पानी और आग कभी भी पास न रखें अर्थात् गैस या चूल्हे के पास पानी का मटका न रखें। फ्रिज के ऊपर ओवन या टोस्टर कभी न रखें। जगह की कमी के कारण आग और पानी पास–पास रखना मजबूरी हो तो बीच में काष्ठ या काष्ठ की बनी कोई वस्तु अवश्य रखें।

❑ रसोईघर में पूजा स्थान बनाना भी शुभ नहीं होता है इससे घर में रहने वाले गरम दिमाग होते हैं और परिवार में किसी को रक्त संबंधी शिकायत भी हो सकती है।

❑ वास्तुशास्त्र एवं फेंग शुई में जल को संपत्ति माना गया है। रसोईघर या मकान के किसी नल का टपकना शुभ नहीं होता। इससे पैसा पानी की तरह बह जाता है अतः इनकी तुरंत मरम्मत करानी चाहिए।

❑ रसोईघर में टूटे फूटे बर्तन, क्राकरी इत्यादि कभी न रखें, इससे नकारात्मक ऊर्जा उत्पन्न होती है। रसोईघर में झाड़ू दिखना अशुभ होता है, अतः इसको छुपा कर रखें। झाड़ू का दिखना अन्न व आय के साफ होने का प्रतीक माना जाता है।

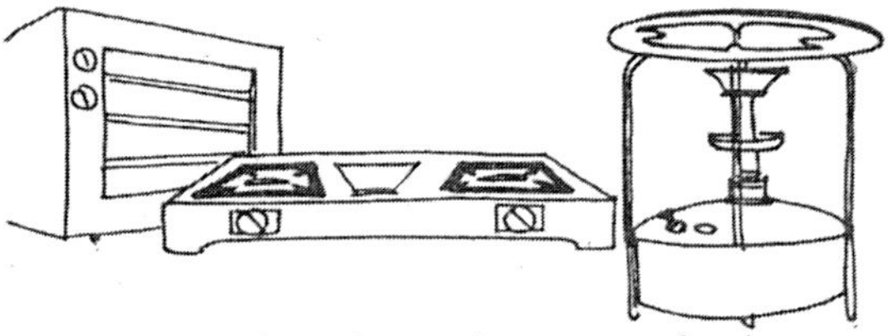

❑ जिस घर में एक से अधिक भोजन बनाने के साधन जैसे गैस, स्टोव, माइक्रोवेव इत्यादि होते हैं, उनके यहां धन आने के स्रोत भी एक से अधिक होते हैं।

❑ रसोईघर या स्टोर रूम में कभी भी खाली डिब्बे/कंटेनर नहीं रखने चाहिए। यदि खाली डिब्बे हों तो भरे हुए डिब्बे का थोड़ा सामान उनमें डालकर रखें। यदि यह न कर सकें तो डिब्बों के ढक्कन खोलकर रखें।

❑ रसोईघर व स्टोर रुम अलग–अलग ही होने चाहिए। जिस रसोईघर के अंदर ही स्टोर रूम हो वहां के गृहस्वामी को अपने नौकरी में, व्यापार में काफी कठिनाईयों का सामना करना पड़ता है।

❑ झाड़ू, पोछा, ब्रश व साफ–सफाई के अन्य उपकरण रसोईघर के नैऋत्य कोण में रखने चाहिए। ईशान कोण में थोड़ी देर के लिए भी नहीं रखना चाहिए।

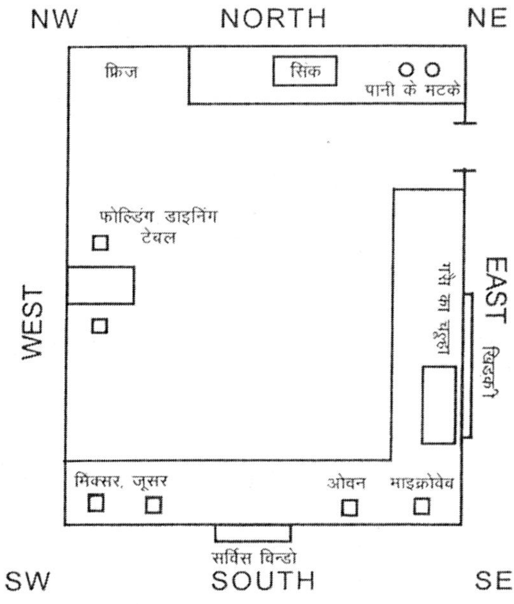

आदर्श आधुनिक रसोईघर

डस्ट बिन

रोजमर्रा के जीवन में साफ–सफाई के लिए घर की सफाई करना जरूरी होता है। घर गंदा रहने से वहां रहने वालों के स्वास्थ्य पर बुरा प्रभाव पड़ता है, और आजकल रोजमर्रा की अधिकतर वस्तुएं पैकिंग में आती हैं। इस कारण हर घर में रोजाना काफी कूड़ा निकलता रहता है। दिनभर निकलने वाले ऐसे कूड़े को कभी भी घर के ईशान कोण और मुख्य द्वार के सामने एकत्रित नहीं करना चाहिए। इन दो स्थानों को छोड़कर घर में निकलने वाला सभी प्रकार का कूड़ा–कचरा, घर में कहीं पर भी डस्ट बिन में रखा जा सकता है।

सीढ़ियां

- फेंग शुई के अनुसार घर या ऑफिस के मुख्य दरवाजे के सामने ऊपर नीचे जाती सीढ़ियां होना शुभ नहीं होता है, अतः ऐसी स्थिति में मुख्य द्वार के बाहर 5 छड़ वाली विंड चाइम्स लटकाकर सकारात्मक ऊर्जा में वृद्धि कर इस दोष को दूर किया जा सकता है।

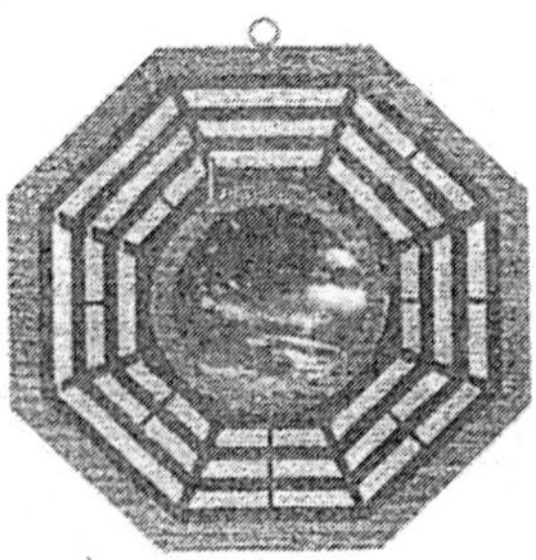

- फेंग शुई के अनुसार घर या ऑफिस के मुख्य द्वार के सामने नीचे से आने वाली सीढ़ियों का अंत होना अशुभ होता है। ऐसी स्थिति में मुख्य द्वार की चौखट पर Concave Mirror लगा पा–कुआ PA-KUA लगाने से यह दोष दूर हो जाता है।

● फेंग शुई के अनुसार घर या ऑफिस के मुख्य द्वार के सामने से ऊपर की ओर जाने वाली सीढ़ियों का प्रारंभ होना अशुभ होता है। ऐसी स्थिति में मुख्य द्वार की चौखट के फ्लोर पर 2 इंच डोली उठानी चाहिए।

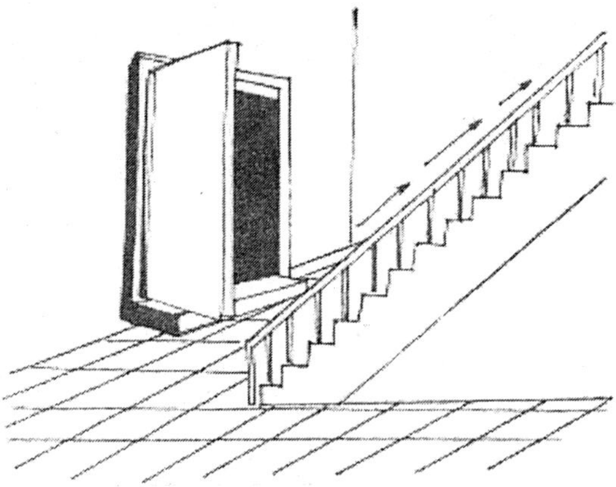

● फेंग शुई के अनुसार सीढ़ियां उचित चौड़ाई व ऊंचाई की होनी चाहिए। सीढ़ियों पर किसी प्रकार का सामान, गमले इत्यादि नहीं रखने चाहिए। सीढ़ियों में रूकावट होने से सकारात्मक ऊर्जा ऊपर की ओर नहीं जा पाती है। इस कारण उस घर में रहने वाले उचित सफलताएं प्राप्त नहीं कर पाते।

खिड़कियां एवं दरवाजे

❑ फेंग शुई में दर्पण का बहुत महत्त्व है। चीन में अष्टकोणीय आकार को बहुत पवित्र माना जाता है। आठ कोणों वाले पा–कुआ मिरर जिसके मध्य में छोटा दर्पण लगा रहता है। छोटा दर्पण ऊर्जा को केंद्रित रखकर अधिक शक्तिशाली हो जाता है। पा–कुआ मिरर मुख्य द्वार या खिड़की के अंदर या बाहर लगानें से सामने से आकर प्रभावित करने वाली अशुभ ऊर्जा (विषैले तीर) वापस लौटा देता है।

❑ बेड रूम के मुख्य द्वार के बाहर अपनी आस्था के अनुसार मांगलिक प्रतीकों को प्रदर्शित करना चाहिए जैसे स्वास्तिक, ऊँ, त्रिशूल, क्रॉस इत्यादि। इससे सुख–समृद्धि में वृद्धि होती है।

❑ घर के मुख्य द्वार पर बाहर की ओर फूलों का गुलदस्ता या छोटी घंटियां लगानी चाहिए। इस तरह घर में सौभाग्य को न्यौता देना होता है।

❑ मुख्य द्वार पर कॉल बेल अवश्य लगानी चाहिए। कॉल बेल हमेशा चालू हालत में रखनी चाहिए। क्योंकि दरवाजा बजाकर या आवाज देकर सूचित करने से मुख्य द्वार पर एकत्रित सकारात्मक ऊर्जा नष्ट होती है।

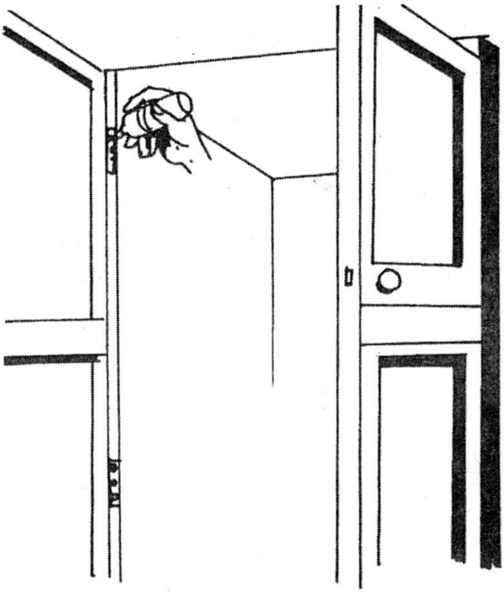

❑ घर के दरवाजे का अपने आप खुलना व बंद होना शुभ नहीं होता। दरवाजा खोलते या बंद करते समय आवाज करता हो तो कब्जों में तेल डाल देना चाहिए।

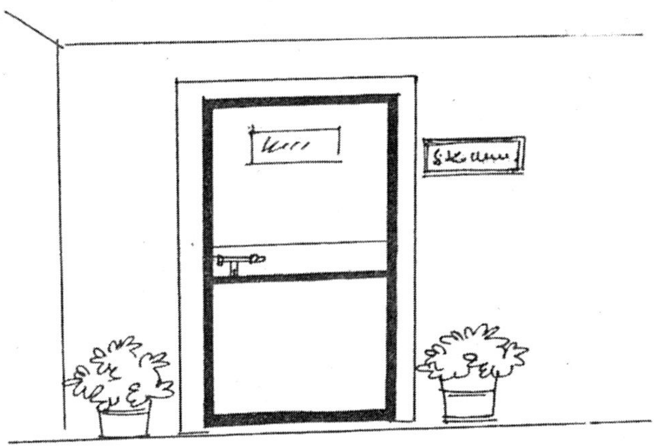

❑ भवन का मुख्य द्वार क्लॉक वाइज बिना आवाज के पूरी तरह खुलना चाहिए। ताकि अधिक मात्रा में सकारात्मक ऊर्जा घर में प्रवेश कर सके।

❑ भवन के मुख्य दरवाजे से बड़ा कोई भी दरवाजा निवास स्थल के अंदर नहीं होना चाहिए। जो कि दो पल्ले का अन्दर की ओर खुलने वाला होना चाहिए। इससे मकान में सकारात्मक ऊर्जा आने में किसी प्रकार की रूकावट पैदा नहीं होती है।

❑ भवन के मुख्य द्वार की चौड़ाई अन्य कमरों के दरवाजों से ज्यादा होनी चाहिए। घर का मुख्य द्वार लकड़ी का ही बनाना चाहिए। खिड़कियां चाहें तो एल्यूमिनियम या लोहे की भी बना सकते हैं।

❑ घर के मुख्य द्वार के दोनों ओर खिड़कियां होना दोषपूर्ण होता है। ऐसा माना जाता है इन खिड़कियों के माध्यम से भाग्य हवा के साथ बाहर बह जाता है। यदि ऐसी स्थिति हो तो खिड़कियों पर गोल पत्तियों वाले पौधे गमले में रखने या लटकाने चाहिए।

❑ खिड़कियां सकारात्मक ऊर्जा के प्रवाह में सहायक होती हैं अतः यह पूर्ण रूप से बाहर या अंदर की ओर खुलनी चाहिए। कभी भी स्लाइडिंग विंडो नहीं बनानी चाहिए उनमें पूर्ण रूप से सकारात्मक ऊर्जा का प्रवाह नहीं हो पाता है। खिड़कियां साफ–सुथरी व अच्छी होनी चाहिए। जिन घरों में टूटी हुई खिड़कियां होती है वहां रहने वालों की आंखों में कष्ट रहने की संभावना बहुत बढ़ जाती है।

❑ भवन के मुख्य द्वार के सामने कभी भी साइकिल, स्कूटर, या कार इत्यादि रखकर रुकावट पैदा न करें। यह आपके जीवन में मिलने वाले सुखद अवसरों में रुकावट पैदा करते हैं।

❑ भवन के मुख्य द्वार के सामने जूते चप्पल उतारना अशुभ होता है, जो अच्छी ऊर्जा को अंदर आने में रुकावट पैदा करते हैं।

❑ जूते, चप्पल इत्यादि रखने का रैक घर के उत्तर पश्चिम या दक्षिण पश्चिम में होना ज्यादा अच्छा रहता है।

❑ भवन के मुख्य द्वार के पीछे किसी प्रकार की कोई चीज लटकाना अशुभ होता है, जो आपकी प्रगति में रुकावट पैदा करता है।

❑ मुख्य द्वार पर व उसके आस–पास समुचित साफ–सफाई होनी चाहिए, ताकि सकारात्मक ऊर्जा को घर में प्रवेश करने में किसी प्रकार की रुकावट पैदा न हो।

❑ घर में सकारात्मक ऊर्जा को आमंत्रित करने के लिए भवन के मुख्य द्वार की साज सज्जा जैसे कलर, पॉलिश इत्यादि हमेशा ठीक रखनी चाहिए। टूटा, खराब, गंदा, जंग लगा हुआ मुख्य द्वार नकारात्मक ऊर्जा पैदा करता है जो आपकी प्रगति के लिए घातक होता है।

❑ फेंग शुई के अनुसार मुख्य द्वार पर किसी प्रकार का दर्पण नहीं लगाना चाहिए, क्योंकि इससे घर में आने वाली शुभ ऊर्जा परावर्तित होकर वापस चली जाती है। जो आपको मिलने वाले अच्छे अवसरों को वापस लौटा देता है।

पानी की निकासी

घर के गंदे पानी की निकासी (Waste Water) इस प्रकार होनी चाहिए, कि घर के कमरे, बाथरूम, किचन व बरामदा आदि का पानी भूखंड के पूर्व में इकट्ठा होकर बाहर निकले। इसी प्रकार बरसात का पानी भी भवन की छत से होकर भूखंड के पूर्व से बाहर निकले।

पेड़–पौधे व गमले

❑ निवास स्थान या व्यावसायिक स्थल में नागफनी, सूखे फूल, जानवरों के सिर, खालें इत्यादि नकारात्मक ऊर्जा पैदा करते हैं। अतः इन्हें घर के अंदर न रखें।

❑ बोनसाई के पौधे घर में कभी भी नहीं रखने चाहिए, चाहे यह देखने में सुंदर लगें, पर यह जीवन के सामान्य विकास में बाधा के प्रतीक हैं।

❑ घर में ताजे फूल रखने से सुख, सौभाग्य में वृद्धि होती है। बासी या मुर्झाए हुए फूल नकारात्मक ऊर्जा पैदा करते हैं अतः उन्हें वहां से सूखते ही हटा देना चाहिए। आपके पास हरे–भरे पौधे नहीं हों, तो नकली पौधे रखे जा सकते हैं, इनका लाभ यह है कि इन्हें कम से कम देखभाल की आवश्यकता होती है। कभी भी सफाई होने पर यह तरोताजा दिखाई देते हैं।

❑ भवन के मुख्य प्रवेश द्वार के दाएं–बाएं सुंदर फूलों के गमले रखने चाहिए। यह भवन में प्रवेश करने वाली ऊर्जा को और अधिक सकारात्मक बनाते हैं। जो आपके घर की सुंदरता बढ़ाने में बहुत सहयोग देते हैं। ध्यान रहे यह पौधे चौड़ी पत्तियों वाले ही हों, पौधे कांटेदार या नुकीली पत्तियों वाले नहीं होने चाहिए।

❑ यदि घर के मुख्य द्वार के सामने स्वयं का बगीचा हो, तो ध्यान रहे कि सहारा लेकर ऊपर चढ़ने वाली बेलें मुख्य द्वार के आसपास न लगाएं। इस प्रकार चढ़ने वाली बेलें आपके जीवन में कई कठिनाईयां पैदा करती हैं।

❑ विश्व के कई देशों में घोड़े की नाल को बहुत भाग्यशाली माना जाता है। घोड़े की टांग में लगी नाल सतत दौड़ते रहने के कारण बहुत ऊर्जा प्राप्त कर लेती है। इसे निवास या व्यावसायिक स्थल के बाहर दरवाजे की चौखट पर लगाना अत्यंत शुभ होता है। इसको लगाते समय इसके दोनों सिरे नीचे की ओर होने चाहिए ताकि अंग्रेजी वर्णमाला का उल्टा U बन जाए।

❑ घर में किसी भी प्रकार की बंद पड़ी घड़ी, टी. वी., टेप रिकार्डर, रेडियो इत्यादि नहीं होने चाहिए। यह बंद पड़ी चीजें जीवन की तरक्की में रुकावट पैदा करती हैं।

❑ घर में अनावश्यक बेकार सामान, अव्यवस्थित फाइलें, फर्नीचर, मकड़ी के जाले नकारात्मक ऊर्जा बढ़ाते हैं और सकारात्मक ऊर्जा को अंदर आने से रोकते हैं। जो आपकी प्रगति के लिए घातक होता है।

❑ घर में सुबह शाम मंदिर में बजा़यी जाने वाली छोटी घंटी अवश्य बजानी चाहिए। घंटी बजाने से उसके द्वारा उत्पन्न कंपन्न से वहां व्याप्त नकारात्मक ऊर्जा का नाश होता है।

❑ घर में साफ सफाई करते समय नमक के पानी का पोछा लगाने से नकारात्मक ऊर्जा नष्ट होती है व सकारात्मक ऊर्जा में वृद्धि होती है।

❑ घर के टॉयलेट में कांच की प्याली में सूखा समुद्री नमक रखना शुभ होता है। यह वहां चारों तरफ की अशुभ नकारात्मक ऊर्जा को ग्रहण (Absorb) कर लेता है। जब यह नमक नमी के कारण गीला हो जाए तब इसको बदलते रहना चाहिए।

❑ टॉयलेट में कमोड के ऊपर लटकता बीम या टांड नहीं होनी चाहिए। बाथरूम में एक दर्पण अवश्य होना चाहिए।

❑ भवन के मुख्य द्वार के सामने या दाएं बाएं टॉयलेट दरवाजा खुलना अशुभ होता है। इससे नकारात्मक ऊर्जा पूरे घर में फैलती है। यदि ऐसा हो तो उस दरवाजे को बंद कर टॉयलेट का दरवाजा दूसरी दिशा में बना देना चाहिए।

बेसमेंट की साज सज्जा

● यदि प्रातःकालीन सूर्य की किरणें बेसमेंट में नहीं जा पातीं तो दर्पण लगाकर किरणें पहुंचाने की व्यवस्था करनी चाहिए। यदि यह व्यवस्था भी न हो सके तो बेसमेंट बनाना ही नहीं चाहिए।

● पूरे बेसमेंट में सफेद रंग या कोई एकदम हल्का रंग ही करना चाहिए। ध्यान रहे कभी भी नीला, जामुनी, हल्के नीला रंग का प्रयोग नहीं करें। नीला रंग आध्यात्मिकता का प्रतीक है।

● जहां तक पूर्व आग्नेय, पश्चिम वायव्य, उत्तर वायव्य, इन दिशाओं में खिड़कियां रखनी चाहिए ताकि ऊर्जा का संचार सुचारु रूप से होता रहे।

● फेंग शुई के अनुसार बेसमेंट के द्वार पर पवन घंटी (विंड चाइम्स) लगाना शुभ होता है। इससे सकारात्मक ऊर्जा बढ़ती है।

● फेंग शुई के अनुसार बेसमेंट में सकारात्मक ऊर्जा कम व नकारात्मक ऊर्जा ज्यादा होती है। अतः किसी कांच के कटोरे में सादा समुद्री नमक रखना चाहिए। यह नमक नकारात्मक ऊर्जा को सोख लेता है। गीला हो जाने पर कटोरे में नमक बदलते रहना चाहिए।

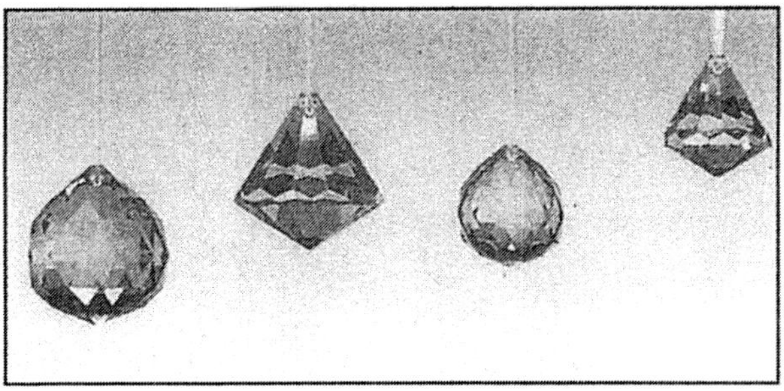

● फेंग शुई के अनुसार बेसमेंट के मध्य में क्रिस्टल बॉल लटकाना अत्यंत लाभदायक रहता है। इन गोलों में विभिन्न कट लगे हुए होने से यह एक प्रिज्म की तरह कार्य करते हैं। जो प्रकाश फैलाते हैं, इससे बेसमेंट की सभी दिशाएं सक्रिय हो जाने से सकारात्मक ऊर्जा में वृद्धि होती है।

● बेसमेंट में अगरबत्ती, गूगल इत्यादि लगाना अशुभ होता है। अगरबत्ती का धुआं बेसमेंट से बाहर ठीक तरीके से निकल नहीं पाता इस कारण वहां नकारात्मक ऊर्जा काफी मात्रा में इकट्ठी हो जाती है। जो स्वास्थ्य के लिए काफी नुकसानदायक होती है।

एक कमरे के घर की आंतरिक साज–सज्जा

पिछली जुलाई को जब मैं जर्मनी के शहर फ्रेंकफुर्त से बस द्वारा इटली के शहर वेनिस जा रहा था। उसी यात्रा के दौरान बस में बांग्लादेश के एक दंपती मि. एंड मिसेज मो. वाहिद को जब बातचीत के दौरान यह जानकारी हुई कि मैं वास्तुशास्त्र का जानकार हूं, तब उन्होंने मुझे बताया कि जबसे वह अपने नए स्टूडियो कम फ्लैट में रहने आए हैं तभी से मानसिक परेशानियों के साथ–साथ आर्थिक कष्ट बढ़ता जा रहा है। उनका घर रास्ते में इटली के शहर मिलान में था, जहां से मुझे बस बदलनी थी और उन्हें वहीं उतरना था। उन्होंने निवेदन

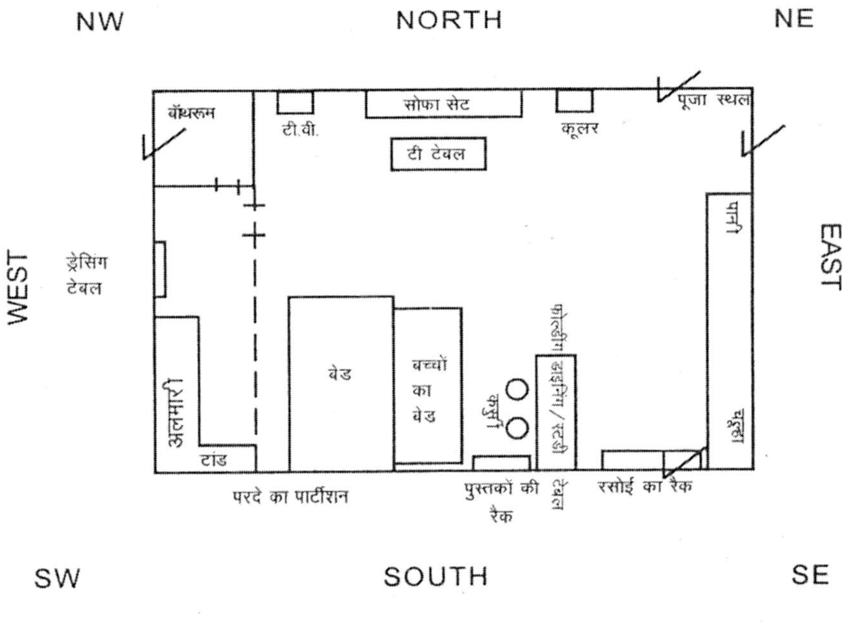

एक कमरे का घर और वास्तु

किया कि आगे यात्रा करने के पूर्व मैं उनका एक कमरे का घर अर्थात् स्टुडियो फ्लैट देखकर वास्तु सम्मत कुछ सुझाव दूं ताकि वह उनके नए स्टूडियो फ्लैट में सुखद जीवन व्यतीत कर सकें।

वाहिद दंपती के सुंदर से एक कमरे के घर में ईशान कोण में गैस का चूल्हा रखा हुआ था। उत्तर की दीवार से लगा दक्षिण मुखी अलमारी रखी हुई थी जहां वह पैसे व अन्य जेवरात रखते थे। पलंग का सिरहाना भी उत्तर दिशा की ओर था, जिसके ठीक ऊपर टांड थी। उनकी समस्याओं के यही तीन प्रमुख कारण थे।

मैंने गैस का चूल्हा ईशान कोण से हटाकर आग्नेय कोण में रखवाया। अलमारी को दक्षिण की दीवार से लगाकर उत्तर मुखी रखवा दिया। पलंग को कमरे की दक्षिण दिशा की ओर रखवाकर सोने की व्यवस्था वास्तु अनुरूप की, और इस परिवर्तन से टांड की समस्या स्वतः समाप्त हो गई। लगभग दो माह बाद उन्होंने मुझे फोन पर धन्यवाद दिया, और बताया कि उन्हें अपनी समस्याओं से निजात मिल गयी है और वह सुखद जीवन व्यतीत कर रहे हैं।

यदि कोई व्यक्ति अपने एक कमरे के घर की व्यवस्था वास्तुशास्त्र और फेंग शुई के निम्नलिखित सिद्धांतों के अनुसार करे तो उसे उसका घर खुला–खुला और बड़ा नजर आएगा, और साथ ही वह सुखद जीवन भी व्यतीत करेगा।

- कमरा लेते समय ध्यान रखना चाहिए कि उसका आकार वर्गाकार या आयताकार हो। अन्य कोई आकार वास्तु के अनुसार अच्छा नहीं होता है। आयताकार व वर्गाकार कमरे की आंतरिक साज–सज्जा अच्छी तरह से वास्तु अनुरूप हो पाती है।
- कमरे का मुख्य द्वार पूर्व मुखी या दक्षिण मुखी कमरे के बाएं तरफ, और पश्चिम या उत्तर मुखी कमरे के दाएं तरफ होना शुभ होता है। अतः कमरे के अंदर आने जाने का रास्ता जहां चित्र में राइट के निशान लगे हैं के अनुसार होना चाहिए।
- पूजा का स्थान कमरे में जहां चाहे बना सकते हैं। ईशान कोण में ही बनाना जरूरी नहीं है, क्योंकि ईश्वर हर जगह विद्यमान है।

- सोने का पलंग इस प्रकार लगाना चाहिए कि सिर दक्षिण की तरफ व पैर उत्तर की तरफ हों इस तरह सोना स्वास्थ्य के लिए लाभदायक रहता है। कभी भी उत्तर की तरफ सिर और दक्षिण की तरफ पैर रखकर नहीं सोना चाहिए।
- यदि पलंग के नीचे कुछ सामान रखने की जगह है, तो उसमें बिस्तर या ऑफ सीजन के कपड़े ही रखा करें। पलंग को कबाड़खाना न बनाएं। पलंग के नीचे कबाड़ रखने से पति पत्नी में आए दिन छोटी–छोटी बातों को लेकर विवाद पैदा होता रहता है।
- चाहें तो बड़े पलंग के नीचे एक छोटा पलंग बच्चों के लिए भी रखा जा सकता है। छोटे पलंग को रात्रि में बाहर निकालकर उस पर बच्चों को सुला सकते हैं।
- पलंग को इस प्रकार रखना चाहिए ताकि दोनों तरफ से पलंग को उपयोग में लाया जा सके पलंग कभी भी एक तरफ से दीवार से सटा हुआ नहीं होना चाहिए। दीवार से सटा पलंग होने से पति पत्नी को साथ रहने का मौका कम मिलता है।
- प्रवेश द्वार के सामने की ओर पैर करके सोना अशुभ होता है अतः पलंग शयन कक्ष के प्रवेश द्वार के सामने नहीं होना चाहिए। पलंग के ऊपर किसी प्रकार का बीम, परछत्ती या पंखा इत्यादि नहीं होना चाहिए। इससे मानसिक तनाव बढ़ता है। कमरे के ठीक ऊपर ओवर हेड वाटर टैंक होना भी अशुभ होता है।
- कमरे में कपड़े व जेवर रखने की अलमारियां दक्षिण पश्चिम की दीवार के साथ लगाएं। इस प्रकार उत्तर व पूर्व की ओर खुलने वाली अलमारियों में पैसा व जेवर रखने से उनमें और वृद्धि होती है। अलमारियों में किसी प्रकार कि अनुपयोगी वस्तुएं नहीं रखनी चाहिए इससे नकारात्मक ऊर्जा पैदा होती है।
- यदि ड्रेसिंग टेबल रखना चाहें, तो पलंग के दाएं या बाएं रख सकते हैं पर सामने नहीं।
- कमरे में खाना बनाने का स्थान आग्नेय कोण में होना चाहिए, और

ध्यान रहे आग व पानी पास–पास ना रखें। अतः पानी की व्यवस्था ईशान कोण में करें।

- रसोई का सामान रखने का रैक कमरे की दक्षिण दिशा में लगा सकते हैं।
- डाइनिंग टेबल दक्षिण में रख सकते हैं, और इसे स्टडी टेबल के रूप में भी उपयोग कर सकते हैं।
- विद्यार्थियों को पढ़ते समय पूर्व मुखी होकर पढ़ना चाहिए। विद्यार्थी को अपनी किताबें कमरे की दक्षिण दिशा में रैक बना कर रखनी चाहिए।
- यदि आप सामान रखने के लिए टांड बनाना चाहते हैं, तो कमरे के दक्षिण या पश्चिम दिशा में बना सकते हैं।
- कमरे में सोफा सेट, टी.वी. एवं कूलर उत्तर दिशा में रख सकते हैं। कम्प्यूटर व टेलिफोन डाइनिंग टेबल के पास दक्षिण में रखा जा सकता है।
- यदि आप कमरे में ही छोटा सा बाथरूम बनाना चाहें, तो वायव्य कोण में बना सकते हैं।
- कमरे की दीवारों का रंग रोगन सुरुचिपूर्ण हल्के रंग का करना चाहिए। इससे परिवार में शांति रहती है। गहरे रंग शुरू में तो अच्छे लगते हैं पर धीरे–धीरे वहां रहने वालों के स्वभाव में उग्रता लाते हैं।
- कमरे में प्रवेश द्वार के बाईं ओर की दीवार के मध्य में पूरे परिवार का मुस्कराता हुआ फोटो लगाने से परिवार में आपसी प्रेम व सौहार्द्र बढ़ता है। परिवार के सदस्यों को कम से कम दिन में एक बार भोजन साथ मिलकर करना चाहिए, इससे आपस में स्नेह व आत्मीयता बढ़ती है।
- कमरे में अकेले पति–पत्नी या बच्चे का, पशु पक्षियों के उदासी भरे, रोते हुए, डूबते हुए सूरज या जहाज के, ठहरे हुए पानी की तस्वीरें, पेंटिंग या मूर्तियां न लगाएं यह जीवन में निराशा व तनाव पैदा करती हैं।
- कमरे के अंदर कभी भी गमले व पौधे न सजाएं, इनमें से रात को निकलने वाली कार्बन डाईआक्साइड स्वास्थ्य को नुकसान पहुंचाती है। हम अधिकांश समय कमरे में बिताते हैं अतः कमरा खुला व हवादार होना चाहिए।

रंग–वास्तु एवं फेंग शुई

रंग प्रकृति की निराली देन हैं। सदियों से रंगों के शक्तिशाली प्रभाव को अनुभव किया जाता रहा है। रंगों का सही उपयोग सुख शांति समृद्धि बढ़ाता है, पर गलत उपयोग हानिप्रद सिद्ध होता है। वास्तुशास्त्र एवं फेंग शुई में रंगों के सही उपयोग का निर्देश दिया गया है, कि किस तरह रंगों को सुंदर तरीके से निवास स्थान में प्रयोग किया जाए जिससे जिंदगी में अधिक से अधिक सुख प्राप्त किया जा सके।

मास्को में पिछले 15 वर्षों से जनरल स्टोर का संचालन कर रहे दिलीप भाई ने अपने स्टोर के वास्तु परामर्श के लिए मुझे बुलाया। दिलीप भाई ने बताया कि पहले मेरा जनरल स्टोर काफी अच्छा चलता था। किंतु पिछले छः माह पूर्व जब से मैंने स्टोर का नवीनीकरण किया है, तब से कारोबार घटते–घटते लगभग आधा रह गया है। इस कारण काफी परेशान हूं। स्टोर बड़ा सुन्दर एवं भव्य था। मुख्य द्वार के ठीक सामने की दीवार पर गहरा नीला रंग किया हुआ था जो कि फेंग शुई के अनुसार दुकान की प्रसिद्धि के विनाश का मुख्य कारण था। मैंने उन्हें नीले रंग की जगह हल्का गुलाबी रंग करने एवं मध्य में लाल रंग के फूल लगाने का सुझाव दिया। इस परिवर्तन के बाद धीरे–धीरे उनके कारोबार में निरंतर सुधार होता गया। आज दिलीप भाई काफी प्रसन्न हैं।

रंगों के मामले में वास्तुशास्त्र एवं फेंग शुई के सिद्धांत अलग–अलग हैं। वास्तुशास्त्र के सिद्धांत सूर्य, चंद्र, मंगल, बुध इत्यादि ग्रहों पर आधारित होते हैं। जबकि फेंग शुई के सिद्धांत प्रकृति में पाए जाने वाले तत्त्व जैसे आग, पानी, काष्ठ इत्यादि पर आधारित होते हैं। किसी भी निवास स्थान का रंग संयोजन वास्तु एवं फेंग शुई द्वारा निर्देशित नियमानुसार किया जाए तो काफी सुखद परिणाम देखने को मिलते हैं। जहां संयोग से रंगों का संयोजन दोनों सिद्धांतों के अनुसार शुभ हो वहां चमत्कारिक परिणाम देखने को मिलता है।

वास्तुशास्त्र अनुसार निवास स्थान का ग्रहों के आधार पर रंग संयोजन

1. भवन के मुख्य द्वार का रंग सफेद, हल्का नीला या हल्का हरा होना शुभ होता है। किसी भी स्थिति में स्लेटी या काला रंग नहीं करना चाहिए।
2. पूजा घर में बैंगनी (Violet), गुलाबी, नीला रंग करना शुभ होता है। इससे एकाग्रता बढ़ती है। ध्यान में बैठने के लिए अच्छे वातावरण का निर्माण होता है।
3. रसोईघर में सबसे अच्छा रंग सफेद होता है। इससे पवित्रता एवं सफाई बनी रहती है। रसोई में किसी भी स्थिति में लाल रंग नहीं करना चाहिए। लाल रंग होने पर परिवार में विवाद होते हैं।
4. भोजन कक्ष का रंग हल्का नीला या हल्का हरा होना शुभ होता है। इन रंगों से जो वातावरण निर्मित होता है उससे भोजन करने में आनंद आता है व भोजन सुचारु रुप से पचता है।
5. बैठक कक्ष में हल्का पीला, मटमैला, भूरा या हल्का हरा रंग करना शुभ होता है। घर में शांति रहती है।
6. मुख्य शयन कक्ष का रंग गुलाबी या पीला करना शुभ होता है। गुलाबी रंग शयन कक्ष में सकारात्मक ऊर्जा में वृद्धि करता है। जिससे वातावरण प्रसन्नचित्त रहता है।
7. बच्चों के शयन कक्ष का रंग हल्का नीला, हल्का हरा या हल्का स्लेटी होना शुभ होता है। बच्चे पढ़ते समय बोझिल नहीं होते। सफेद रंग से बच्चों में अध्ययन करते समय जल्दी सुस्ती छा जाती है। बच्चों के स्टडी टेबल एवं चेयर का रंग काला या सफेद कर सकते हैं, जो उन्हें ज्यादा ऊर्जा देता है।
8. स्नानघर का रंग स्लेटी, सफेद या गुलाबी रख सकते हैं।
9. भवन की बाहरी दीवारों का रंग अपनी इच्छानुसार रख सकते हैं।

वास्तुशास्त्र अनुसार
व्यापारिक स्थल का रंग संयोजन

	व्यावसायिक स्थल	रंग
1	बुटीक	हरा, नीला या कोई भी चमकीला रंग।
2	ब्यूटी पार्लर	लाइट ग्रे, सफेद या मल्टीकलर।
3	ज्वेलरी	पीले रंग के अलावा कोई भी रंग।
4	शू स्टोर	स्लेटी, भूरा या सफेद।
5	पुस्तक व ग्रीटिंग कार्ड	हरा, नीला, पीला, मटमैला या गुलाबी।
6	जनरल स्टोर	हल्का हरा, गुलाबी, सफेद या हल्का बहुरंगी।
7	मेडिकल स्टोर	हल्का नीला, गुलाबी।
8	इलेक्ट्रानिक एवं इलेक्ट्रीकल्स	सफेद, हल्का गुलाबी, हल्का हरा, हल्का नीला व पीला।
9	कम्प्यूटर	हल्का नीला या हरा।
10	चार्टड अकाउंटेंट	सफेद या पीला।
11	अस्पताल	सफेद, हल्का हरा, हल्का पीला या हल्का नीला।

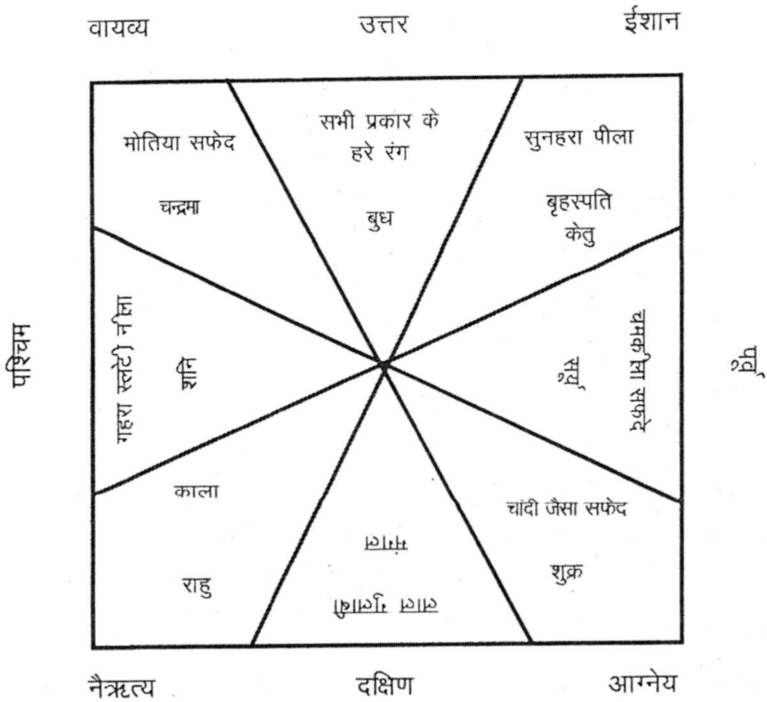

वास्तुशास्त्र अनुसार दिशा, दिशाओं के स्वामी व रंग

फेंग शुई के अनुसार भवन तथा व्यापारिक स्थान का रंग संयोजन

फेंग शुई के अनुसार किसी भी भवन को चाहे वह मकान, दुकान, ऑफिस, उद्योग, फ्लैट इत्यादि हो आठ भागों में बांटा जाता है। जो प्रकृति में पाए जाने वाले पांच तत्त्वों काष्ठ, अग्नि, पृथ्वी, धातु एवं जल के आधार पर जीवन के विभिन्न क्षेत्रों का प्रतिनिधित्व करते हैं। जैसा कि चार्ट एवं चित्र में बताया गया है। इन्हीं तत्त्वों एवं दिशाओं के आधार पर इनका रंग संयोजन किया जाता है।

फेंग शुई के अनुसार किसी भी भवन का मुख्य द्वार जहां होता है उसे उत्तर दिशा माना जाता है। उत्तर दिशा जल तत्त्व प्रधान होने के कारण इस दिशा में काले या गहरे नीले रंग का प्रयोग शुभ होता है। इस दिशा को और अधिक ऊर्जावान बनाने के लिए इन रंगों के अलावा जल तत्त्व से संबंधित तस्वीरें जैसे बहता झरना, फव्वारा इत्यादि का उपयोग कर सकते हैं। इसी प्रकार दक्षिण दिशा का कारक तत्त्व अग्नि तत्त्व होने से इस दिशा में लाल रंग का उपयोग शुभ माना जाता है। इसे अधिक ऊर्जावान बनाने के लिए लाल बल्ब, लाल रंग के फूल, लाल रंग की कोई तस्वीर इत्यादि का उपयोग कर सकते हैं। पूर्व एवं दक्षिण पूर्व काष्ठ तत्त्व प्रधान होने से हरे रंगों का प्रयोग किया जा सकता है। इस दिशा को अधिक ऊर्जावान बनाने के लिए हरे पेड़–पौधे या इनकी तस्वीरें लगा सकते हैं। पश्चिम एवं उत्तर पश्चिम दिशा का धातु तत्त्व प्रधान होने के कारण सफेद, सुनहला, उजले रंग का प्रयोग कर सकते हैं। इस दिशा को अधिक ऊर्जावान बनाने के लिए धातुओं से बनी वस्तुओं का उपयोग कर सकते हैं। उत्तर–पूर्व, दक्षिण–पश्चिम एवं मध्य का कारक तत्त्व पृथ्वी तत्त्व होने के कारण यहां पर पीला, मटमैला रंग कर सकते हैं। इस दिशा को अधिक ऊर्जावान बनाने के लिए मिट्टी की बनी मूर्तियां, वस्तुएं इत्यादि रख सकते हैं।

दक्षिण–पूर्व | दक्षिण | दक्षिण–पश्चिम

पूर्व

संपत्ति काष्ठ हरा	प्रसिद्धि अग्नि लाल	विवाह पृथ्वी पीला, मटमैला
परिवार काष्ठ हरा	पृथ्वी मध्य पीला	संतान धातु सुनहरा, सफेद रुपहला
ज्ञान व शिक्षा पृथ्वी पीला, मटमैला	कैरियर जल नीला, काला	सहायक मित्र धातु सुनहरा, सफेद रुपहला

पश्चिम

मुख्य द्वार इस दिशा में कहीं भी हो सकता हैं।

उत्तर–पूर्व | उत्तर | उत्तर–पश्चिम

फेंग शुई अनुसार मुख्य द्वार पर आधारित दिशाएं उनके तत्त्व एवं रंग

फेंग शुई अनुसार
दिशाएं उनके तत्त्व एवं रंग

दिशा	मूल तत्त्व	प्रतिनिधित्व क्षेत्र	शुभ रंग	अशुभ रंग
उत्तर	जल	कैरियर	नीला व काला	लाल/गुलाबी
उत्तर–पश्चिम	धातु	सहायक मित्र	सुनहरा सफेद, रुपहला	हरा
पश्चिम	धातु	संतान, सर्जनात्मकता	सुनहरा सफेद, रुपहला	हरा
पश्चिम–दक्षिण	पृथ्वी	विवाह, भागीदार	पीला, मटमैला	नीला/काला
दक्षिण	अग्नि	प्रसिद्धि	लाल/गुलाबी	नीला/काला
दक्षिण–पूर्व	काष्ठ	संपत्ति	हर प्रकार का हरा	सफेद
पूर्व	काष्ठ	परिवार व बुजुर्ग	हर प्रकार का हरा	सफेद
उत्तर पूर्व	पृथ्वी	ज्ञान व शिक्षा	पीला व मटमैला	लाल/गुलाबी

क्लब और वास्तु

आजकल मध्यम एवं उच्च वर्ग के परिवारों की जीवन शैली में क्लबों का महत्वपूर्ण स्थान बनता जा रहा है। जहां आमोद–प्रमोद एवं आराम के लिए सभी प्रकार की सुख–सुविधाएं उपलब्ध रहती हैं। इन समस्त सुविधाओं का लाभ लेने के लिए लोग बड़ी मात्रा में शुल्क देकर क्लब की मेंबरशिप लेते हैं। हम देखते है कि हमारे आसपास के इलाके में कुछ क्लब इतने प्रसिद्ध होते हैं कि इनकी मेंबरशिप प्राप्त करना बहुत मुश्किल होता है। भारी शुल्क एवं पैरवी लगाने के बाद भी मेंबरशिप के लिए लंबा इंतजार करना पड़ता है। कुछ क्लबों में समस्त प्रकार की सुविधा होने के बाद भी लोग मेंबरशिप नहीं लेते हैं जबकि वह मेंबर बनाने के लिए विभिन्न प्रकार के ऑफर, प्रलोभन व सुविधाएं देने को तैयार रहते हैं।

पिछले दिनों जयपुर से दिल्ली आते समय मध्याह्न भोजन के लिए गुड़गांव के पास मुख्य सड़क पर एक आलिशान क्लब में रुके। क्लब बड़ा व भव्य बना हुआ था। आगे–पीछे बड़े अच्छे लॉन थे। पर वहां एक विशेष प्रकार का सन्नाटा छाया हुआ था। बातचीत में पता लगा कि बहुत बड़ी लागत लगाकर सभी आधुनिक सुख–सुविधाओं से परिपूर्ण इस क्लब की लोग सदस्यता लेने को तैयार नहीं हैं। मैंने क्लब के चारों और एक चक्कर लगाकर क्लब की वास्तु स्थिति का निरीक्षण किया तो पाया कि क्लब की चहारदीवारी का उत्तर ईशान दबा हुआ है। दक्षिण–पश्चिम में ज्यादा जगह छोड़कर दक्षिण दिशा में स्वीमिंग पूल बनाया गया है और भवन के मध्य में बेसमेंट में बिलीयर्ड और पूल टेबलें लगाई हुई हैं। यह सभी महत्वपूर्ण वास्तु दोष हैं। जिस कारण

क्लब किसी को आकर्षित नहीं कर पा रहा है। इस कारण क्लब संचालक जबर्दस्त घाटे में होंगे।

क्लब बनाते समय वास्तुशास्त्र के निम्नलिखित साधारण नियमों का पालन करने से क्लब प्रसिद्धि पाता है और उसकी लोकप्रियता बनी रहती है। लोग ऐसे क्लबों की सदस्यता किसी भी कीमत पर पाने के लिए लालायित रहते हैं और सभी क्लब संचालकों का मोटी कमाई होती है।

- क्लब ऐसी जगह बनाएं, जिसके उत्तर–पूर्व में गहरे गड्ढे, तालाब, नदी इत्यादि और दक्षिण व पश्चिम में ऊंचे–ऊंचे टीले व पहाड़ियां हों। ऐसे स्थान पर बने क्लब की प्रसिद्धि चारों ओर फैलती है।
- अच्छे आर्थिक लाभ के लिए वह प्लॉट जहां आप क्लब का निर्माण करना चाहते हों तो उस प्लॉट का आकार वर्गाकार या आयताकार होना चाहिए। प्लॉट अनियमित आकार का न हो। प्लॉट का दक्षिण पश्चिम कोना 90^0 का होना चाहिए। साथ ही प्लॉट पर निर्माण कार्य करते समय ध्यान रखना चाहिए, कि उत्तर व पूर्व दिशा में ज्यादा खुली जगह छोड़नी चाहिए।
- क्लब का प्लॉट की उत्तर, पूर्व एवं ईशान दिशा का दबा, कटा एवं गोल होना बहुत अशुभ होता है, इससे क्लब के मालिक को विभिन्न प्रकार की समस्याओं का सामना करना पड़ता है। इसके विपरीत प्लॉट का इन दिशाओं का बड़ा होना बहुत शुभ होता है। यदि प्लॉट की यह दिशाएं दबी, कटी या गोल हों, तो इन्हे शीघ्र बढ़ाकर या घटाकर समकोण करके इसके अशुभ परिणामों से बचना चाहिए।
- क्लब में स्विमिंग पूल, कृत्रिम जलप्रपात, तालाब इत्यादि का निर्माण उत्तर या पूर्व दिशा में करना चाहिए। कुआं या बोर ईशान कोण में होना चाहिए। इसके विपरीत इनका अन्य किसी भी दिशा में होना अशुभ होता है। क्लब के मध्य में स्विमिंग पूल का निर्माण भयंकर आर्थिक कष्ट देता है।
- क्लब की अच्छी सफलता के लिए उत्तर, ईशान व पूर्व का भाग दक्षिण, नैऋत्य व पश्चिम भाग की तुलना में नीचा होना चाहिए। प्लॉट का इन दिशाओं का ऊंचा होना दुर्भाग्य को आमंत्रित करता है। प्लॉट की उत्तर, पूर्व दिशा या ईशान कोण ऊंचा हो, तो सबसे पहले वहां की मिट्टी

निकालकर दक्षिण पश्चिम दिशा या नैऋत्य कोण में डालकर प्लॉट को समतल कर देना चाहिए।

- क्लब का प्रवेश एवं निकासी द्वार पूर्व ईशान, दक्षिण आग्नेय, पश्चिम वायव्य या उत्तर ईशान में होना चाहिए। अतः क्लब के अंदर आने जाने का रास्ता जहां, चित्र में राइट के निशान लगे हैं, के अनुसार ही रखना चाहिए।
- क्लब कभी भी ऐसे स्थान पर न बनाएं जहां ऊपर से हाईटेंशन बिजली की तारें निकलती हों। इनसे निकलने वाली इलेक्ट्रो मैगनेटिक तरंगें जो कि काफी खतरनाक होती हैं वहां रहने वालों के स्वास्थ्य को प्रभावित करती है।
- क्लब में बिजली के मीटर, ट्रांसफार्मर, जेनरेटर अन्य विद्युत उपकरण की व्यवस्था आग्नेय कोण में करनी चाहिए।
- क्लब में रसोईघर का निर्माण आग्नेय कोण में करना चाहिए व डाइनिंग हाल पश्चिम में रखना चाहिए।
- क्लब में कैंप फायर और बार बी क्यू की व्यवस्था आग्नेय कोण में करना चाहिए। यदि पूर्व में स्विमिंग पूल हो, तो दक्षिण आग्नेय में करना चाहिए पर पूर्व आग्नेय में कभी नहीं। क्योंकि आग व पानी का साथ–साथ होना अशुभ होता है।
- क्लब में रहने के कमरे दक्षिण, पश्चिम दिशा या नैऋत्य कोण में बनाने चाहिए। कमरों मे पूर्व व उत्तर की ओर ज्यादा खिड़कियां रखनी चाहिए। कमरों में पलंग इस प्रकार लगाने चाहिए कि सोने वालों के सिर दक्षिण में व पैर उत्तर की ओर हों।
- क्लब में दक्षिण–पश्चिम कोने को खुला छोड़कर दक्षिण, पश्चिम दिशा एवं नैऋत्य कोण में टॉयलेट बनाना चाहिए। ध्यान रहे टॉयलेट का निर्माण ईशान कोण में किसी भी स्थिति में नहीं करें।
- क्लब में सैप्टिक टैंक केवल पूर्व या उत्तर दिशा में ही बनाना चाहिए। यदि इन दोनों दिशाओं में किसी एक दिशा में स्विमिंग पूल हो, तो दूसरी दिशा में बनाना चाहिए।
- क्लब में हैल्थ क्लब, मसाज कक्ष, स्टीम बॉथ इत्यादि का निर्माण वायव्य

कोण में करना चाहिए। इन डोर गेम्स की व्यवस्था भी इसी स्थान के आसपास कर सकते हैं।

- क्लब भवन पर ओवर हैड वाटर टैंक का निर्माण पश्चिम वायव्य से लेकर दक्षिण नैऋत्य के मध्य कहीं पर भी कर सकते हैं।
- क्लब में चिंतन व ध्यान योग केंद्र ईशान या पूर्व में रखना चाहिए। लाइब्रेरी पश्चिम दिशा में स्थापित कर सकते हैं।
- क्लब में टेनिस, वॉली बाल, बेडमिंटन इत्यादि खेल के मैदान पूर्व या उत्तर में बनाना चाहिए।
- क्लब में मनोरंजन के लिए कॉमन हॉल या कांफ्रेंस रूम एवं टी.वी. रूम वायव्य दिशा में बनाना चाहिए।
- क्लब में अतीथि कक्ष वायव्य कोण में बनाना चाहिए।
- क्लब के सचिव का ऑफिस दक्षिण या पश्चिम भाग में होना चाहिए जहां उसे पूर्व दिशा की ओर मुंह करके बैठना चाहिए।

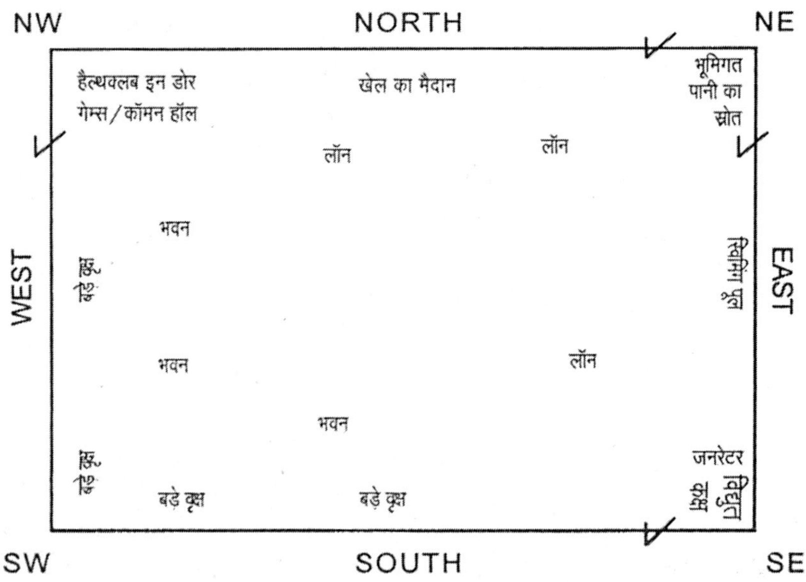

वास्तु अनुरूप क्लब

- क्लब के कैशियर की अलमारी दक्षिण दीवार के साथ सटाकर रखनी चाहिए ताकि अलमारी उत्तर दिशा की ओर खुल सके।
- क्लब में ऊपर जाने के लिए सीढ़ियां दक्षिण–पश्चिम भाग में ऊपर चढ़ते समय दाएं मुड़ने वाली बनानी चाहिए।
- क्लब में बड़े वाहनों के लिए पार्किंग व्यवस्था दक्षिण या पश्चिम दिशा में और छोटे वाहनों के लिए उत्तर या पूर्व दिशा में कर सकते हैं।
- क्लब में चारों ओर उद्यान बनाया जा सकता है। पर ध्यान रहे, लॉन व छोटे पौधे उत्तर व पूर्व दिशा में ओर विशाल वृक्ष जैसे–यूकेलिप्टस, अशोक इत्यादि दक्षिण–पश्चिम दिशा में ही लगाने चाहिए।
- क्लब में कभी–कभी उपयोग में आने वाला फर्नीचर व अन्य वस्तुएं नैऋत्य कोण में स्टोर रूम बनाकर रखी जा सकती हैं।

वास्तु प्रश्नोत्तरी

प्रश्न : आजकल बनने वाले अधिकत्तर घरों में मार्बल का फ्लोर बनाने का चलन बढ़ता जा रहा है। इस पर कोई टिप्पणी।

उत्तर : मैंने वास्तु निरीक्षण में पाया है कि धार्मिक एवं सार्वजनिक स्थलों पर मार्बल लगाना उचित है। और प्राचीन काल से धार्मिक एवं सार्वजनिक स्थलों के फर्श पर मार्बल लगाया जाता रहा है। परंतु निवास स्थान पर जिन्होंने अपने पूरे घर के फ्लोर पर मार्बल लगाया है उन सभी परिवारों में मुझे मानसिक तनाव, आपसी सामंजस्य की कमी देखने को मिलती है।

प्रश्न : पढ़े–लिखे होने के बाद भी हमारे परिवार के सदस्यों में आपसी सामंजस्य की कमी है। क्या हमारे घर का वास्तु इसका कारण हो सकता है?

उत्तर : जी हां। जिस घर में आप रहते है उस भवन का ईशान कोण गोल होगा और हो सकता है कम्पाउंड वॉल भी ईशान कोण में गोल हो।

प्रश्न : हमारे परिवार में आकस्मिक छोटी–मोटी दुर्घटनाएं होती रहती हैं। क्या कारण हो सकता है?

उत्तर : जिस घर में आप रहते हैं उसका ईशान कोण तो खुला हुआ होगा पर आपने अधिक मात्रा में भारी सामान वहां जमा कर रखा होगा।

प्रश्न : मेरे पति व्यापार के सिलसिले में ज्यादा समय घर से बाहर दूर पर रहते हैं। जब वह शहर में रहते हैं तब भी उनका ज्यादा समय घर के बाहर ही व्यतीत होता है। क्या कारण हो सकता है?

उत्तर : मेरे ख्याल से आपके घर के पश्चिम दिशा का भाग पूर्व दिशा के भाग की तुलना में नीचा होने के साथ–साथ बढ़ा हुआ होगा। घर का प्रवेश द्वार भी उत्तर वायव्य में होगा।

प्रश्न : मैं और मेरा भाई एक कंपाउंड में बने पूर्व मुखी जुड़वां मकान में पिछले साल ही शिफ्ट हुए हैं। मेरे भाई के यहां साल भर के अंदर दो बार चोरी हो चुकी है। भाई की युवा बेटी उसका

कहना नहीं मानती है। जबकि मेरे यहां कोई समस्या नहीं है। क्या भाई के हिस्से वाले मकान में कोई खराबी है?

उत्तर : जी हां, पूर्व मुखी जुड़वां घर में आपके घर और कंपाउंड का प्रवेश द्वार ईशान कोण में होगा। जबकि आपके भाई के कंपाउंड एवं घर का प्रवेश द्वार आग्नेय कोण में होगा। इसी कारण पूर्व मुखी जुड़वां घरों में आग्नेय कोण के प्रवेश द्वार वाले परेशान रहते हैं।

प्रश्न : मेरे तीनों युवा बेटे एक के बाद एक विवाह होने के बाद घर छोड़कर उसी शहर में ही अन्यत्र रहने चले गए हैं। मेरे घर में ऐसा क्या वास्तु दोष है कि मेरी संतानें ही मुझे बुढ़ापे में छोड़कर कहीं और रहने चली गयीं?

उत्तर : आपकी समस्या पढ़कर लगता है कि आपका घर दक्षिण मुखी प्लॉट पर बना है उस प्लॉट का ढाल दक्षिण में है। भवन निर्माण करते समय पश्चिम दिशा में अधिक खुला स्थान छोड़ा गया है। आपने ईशान कोण में ही रसोईघर बना रखा होगा।

प्रश्न : हम पति–पत्नी में हमेशा छोटी–छोटी बातों पर तकरार होती रहती है। क्या ऐसा किसी वास्तु दोष के कारण है?

उत्तर : जी हां, मेरे ख्याल से आपका बेड रूम भवन के आग्नेय कोण में होगा जिसमें पूर्व में खिड़की, दरवाजा या रोशनदान होना चाहिए अथवा आपका रसोईघर नैऋत्य कोण में होना चाहिए, जिसमें पश्चिम दिशा में चूल्हा रखने का प्लेटफार्म बना होगा।

प्रश्न : नए मकान में आने के बाद मैं व मेरी पत्नी दोनों का स्वास्थ्य खराब रहता है अच्छी नींद नहीं आने के कारण दिन भर आलस्य बना रहता है।

उत्तर : लगता है आपके बेड रूम में पलंग वास्तु अनुकूल दिशा में नहीं लगा है शायद आप दोनों पति–पत्नी उत्तर दिशा की ओर सिर करके सोते हैं। आपको चाहिए कि आप दक्षिण दिशा की ओर सिर करके सोएं।

प्रश्न : हम दोनों पति–पत्नी नौकरी करते हैं। अच्छे वेतन के बाद भी हमेशा पैसे की तंगी बनी रहती है। पता नहीं पैसा कहां खर्च हो जाता है। क्या वास्तु के द्वारा समस्या का समाधान हो सकता है?

उत्तर : आपके घर की अलमारी जहां आप नगदी व अन्य बहुमूल्य वस्तुएं रखते हैं, वह दक्षिण या पश्चिम दिशा की ओर खुलती होगी। आपको चाहिए कि अलमारी दक्षिण दीवार से सटाकर इस प्रकार रखें की वह उत्तर दिशा की ओर खुल सके। इस परिवर्तन से आपके घर पैसा टिकने लगेगा।

प्रश्न : मेरे यहां एक के बाद एक लगातार चार बेटियों का जन्म हुआ है। क्या भाग्य के साथ–साथ इसमें वास्तु की भी कोई भूमिका है?

उत्तर : जी हां, आपका बेड रूम आपके घर की पश्चिम दिशा में होगा। साथ ही घर की छत भी पश्चिम दिशा की ओर झुकी हुई होनी चाहिए।

प्रश्न : हमारे परिवार के सदस्यों में बहुत ज्यादा असंतोष की भावना है इस कारण हमेशा आपसी मतभेद भी रहते हैं। क्या कारण है?

उत्तर : आपके घर का प्लॉट ईशान कोण में ऊंचा होगा जिसमें भूमिगत पानी का स्रोत नैऋत्य कोण में होना चाहिए। घर का प्रवेश द्वार पूर्व आग्नेय में होगा। इन वास्तु दोषों के कारण परिवार में असंतोष एवं मतभेद उत्पन्न होते रहते हैं।

प्रश्न : मेरे पति व देवर के मध्य आपस में कई बातों में असहमति रहती है। एक दूसरे पर भरोसा भी नहीं करते हैं। छोटी–छोटी बातों पर उनकी आपस में तनातनी हो जाती है। मेरे पति को व्यापार के सिलसिले में काफी यात्राएं भी करनी पड़ती हैं। यह सब किस कारण हो सकता है?

उत्तर : आपकी समस्या पढ़कर लगता है कि, आपके घर में किचन के साथ जुड़ा हुआ भूमिगत पानी का स्रोत जैसे टंकी या कुआं होना चाहिए।

प्रश्न : मेरे पति काफी मेहनत करते हैं उसके बाद भी आमदनी कम और खर्च ज्यादा रहता है और हमेशा आर्थिक तंगी रहती है। क्यों?

उत्तर : घर में चढ़ने की सीढ़ियां टूटी–फूटी या क्रेक हों या उनका प्लास्टर उखड़ा हुआ हो तो वहां रहने वाले मुखिया को जीवन यापन के लिए बहुत मेहनत करनी पड़ती है और घर में आमदनी कम और खर्च ज्यादा रहता है।

प्रश्न : मेरी पत्नी का स्वास्थ्य हमेशा खराब रहता है। वह हमेशा नाखुश रहती है जिसके कारण उसे मानसिक शांति भी नहीं है।

उत्तर: लगता है आपके घर की सामने वाली दीवार में या तो दरार है या प्लास्टर उखड़ा हुआ है।

प्रश्न : हमारा घर घर नहीं युद्ध का मैदान है हमेशा लड़ाई झगड़ा चलता रहता है।

उत्तर: लगता है आपके घर के मुख्य द्वार के सामने पत्थर का या सीमेंट कांक्रीट का स्लेब रखा हुआ है या जमीन में बड़ा भारी पत्थर है। इस प्रकार का द्वार वेध यह समस्या घर में उत्पन्न करता है।

प्रश्न : हमारे घर के ठीक सामने मंदिर का प्रवेश द्वार है। हमारे प्रवेश द्वार से ही भगवान की मूर्ति नजर आती है। मैंने किसी अखबार में पढ़ा है कि मंदिर के सामने प्रवेश द्वार होना शुभ नहीं होता हैं। क्या करूं?

उत्तर: यह सही बात है कि मंदिर के सामने प्रवेश द्वार होना उचित नहीं होता है क्योंकि हम रोजाना अपने घर में आते–जाते समय मंदिर की मान–मर्यादा का पालन पूर्णतः सही ढंग से नहीं कर पाते हैं। आप अपने घर के प्रवेश द्वार पर परदा लगाकर रखें व कंपाउंड वॉल थोड़ी ऊंची कर दें। प्रभु आप पर कृपा बनाए रखेंगे।

प्रश्न : हमारा प्रवेश द्वार दक्षिण नैॠत्य में होने से मेरी पत्नी का स्वास्थ्य ठीक नहीं रहता है। आर्थिक समस्याएं भी चल रही है। मैंने टी.वी. में देखकर नैॠत्य कोण में लगाने के लिए स्वस्तिक पिरामिड यंत्र मंगवाया है। क्या हमें इससे लाभ होगा?

उत्तर: स्वास्तिक पिरामिड यंत्र या अन्य किसी भी प्रकार के यंत्र इत्यादि आस्था के प्रतीक मानसिक रूप से तो कोई सहायता करते होंगे। परंतु समस्या का निदान वास्तु के दोषों को दूर करके ही प्राप्त किया जा सकता है।

वास्तु समस्याएं एवं समाधान

भारत की प्रसिद्ध मासिक पत्रिका ''गृहलक्ष्मी'' में वास्तु विषय पर छपने वाले मेरे लेखों को पढ़कर मुझे पाठकों के पत्र मिलते रहते हैं। उनमें से कुछ पाठकों की समस्याएं व उनके समाधान यहां बताएं गए हैं। जिन्हें पढ़कर आप अपने व्यावसायिक स्थल एवं घरों के वास्तु निरीक्षण कर उचित समाधान कर सकते हैं।

विशेष : इन पत्रों में अधिकतर पाठक नक्शा भेजते समय, मकान की लंबाई–चौड़ाई, मुख्य द्वार, दरवाजे, खिड़कियां, ड्राइंग रूम, किचन, टॉयलेट बाथरूम, भूमिगत पानी का स्रोत इत्यादि का जिक्र करते है और उसी आधार पर यहां समाधान बताए गए हैं। लेकिन बहुत कम पत्रों में फर्श व जमीन के ढाल का (फ्लोर लेवल) विवरण होता है, जिसकी किसी भी मकान के वास्तु में महत्वपूर्ण भूमिका होती है। ध्यान रहे, वास्तु विश्लेषण में इस ढाल की अनदेखी बिलकुल नहीं की जानी चाहिए।

समस्या : आर्थिक तथा मानसिक परेशानी के साथ–साथ स्वास्थ्य भी ठीक नहीं रहता है। जिसका भला करो वहीं दुश्मन बन जाता है। यश के स्थान पर अपयश मिलता है। क्या पूजा का स्थान बेड रूम में नहीं होना चाहिए?

गुरुबख्श सिंह, लुधियाना (पंजाब)

समाधान : आपके मकान का मुख्य द्वार पूर्व दिशा में अंदर की ओर बना हुआ है जिसके कारण पूर्व कट गया है। अतः मुख्य द्वार को आगे की ओर बढ़ाकर सीढ़ियां व बगीचे की बाहरी दीवार से सटाकर बनाएं।

आपके यहां सीढ़ियां, टॉयलेट बाथरूम ईशान कोण में हैं। जिसके कारण ईशान कोण ढक गया है पूर्व आग्नेय में छोटा सा बगीचा बना रखा है यह सभी

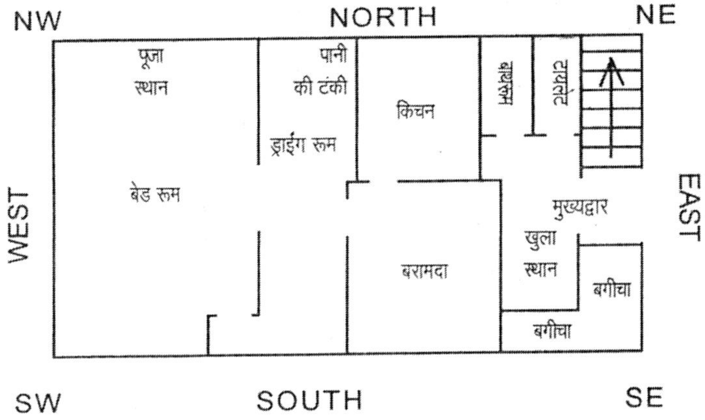

गुरुबख्श सिंह जी के घर का नक्शा

महत्वपूर्ण वास्तु दोष हैं। बगीचे वाले स्थान पर सीढ़ियां व बाथरूम बनाएं, बनाते समय ध्यान रखें कि चहारदीवारी और भवन की दीवार से लगे हुए न हों अर्थात् इन दोनों के बीच में बनाएं और जहां अभी टॉयलेट बॉथरूम व सीढ़ियां है वहां बगीचा बना दें।

किचन उत्तर दिशा के मध्य में है, इसे दक्षिण दिशा वाले बरामदे में बनाएं और इस स्थान को बरामदा बना दें और वर्तमान किचन का कमरा पूर्व दिशा में बरामदे तक बढ़ाकर बराबर करें। अन्यथा यह हिस्सा दबा रहा तो भवन का ईशान कोण कटा हुआ माना जाएगा जो कि एक महत्वपूर्ण वास्तु दोष होगा।

भूमिगत पानी की टंकी उत्तर दिशा में उत्तम स्थान पर है, यदि इसे वर्तमान में जहां टॉयलेट है वहां स्थापित कर दें तो वह स्थान सर्वोत्तम होगा। पूजा–स्थल घर में कहीं पर भी बना सकते हैं। यदि पूजा घर दंपती के बेड रूम में हो तो, पवित्रता व मर्यादा के लिए रात्रि में पूजा घर के आगे परदा लगाना चाहिए।

समस्या : हम इस मकान में 32 वर्षों से रह रहे हैं। हमें इस मकान में कई तरह की परेशानियां आती रहती हैं। इसी मकान में दुकान भी है। फिर भी जीवन में परेशानियां कम नहीं हो रही हैं। क्या हमारे मकान में वास्तु दोष है? कृपया मार्गदर्शन करें।

जितेंद्र प्रसाद, रांची (झारखंड)

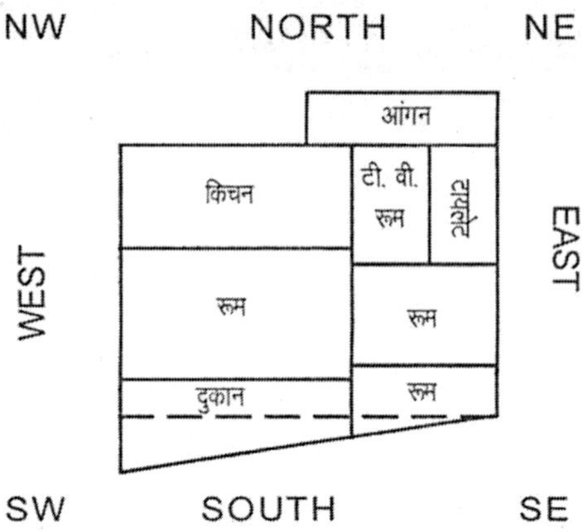

जितेंद्र प्रसाद जी के घर नक्शा

समाधान : आपके मकान के आंगन का बढ़ा हुआ उत्तर, पूर्व दिशा का भाग बहुत शुभ है।

आपके मकान के दक्षिण नैऋत्य कोण का बढ़ा होना बहुत अशुभ है। इस कारण घर की महिलाओं में समस्याएं बनी रहती हैं। यहीं पर आपकी दुकान भी है। उसमें भी आपको विभिन्न प्रकार की कई परेशानियां आती होंगी।

दक्षिण नैऋत्य कोण में दीवार बनाकर 90 डिग्री का करना होगा। निश्चित ही इस परिवर्तन से आपको बहुत जगह बिना किसी लाभ के छोड़नी पड़ेगी और इस परिवर्तन से आपकी दुकान व मकान का आकार भी छोटा हो जाएगा। परंतु ध्यान रहे एक किलो पीतल से सौ ग्राम सोना ज्यादा कीमती होता है। अतः यह कठोर निर्णय लेने में संकोच नहीं करें। इस परिवर्तन से निश्चित लाभ होगा, और जीवन सुखद एवं सरल हो जाएगा।

समस्या : आमदनी अच्छी है पर पैसे की बचत नहीं हो पाती है। घर में हर समय कलह होती रहती है। हमेशा कोई न कोई बीमार ही रहता है।

बलदेव सिंह, फतेहपुर (उत्तरप्रदेश)

समाधान : आपके मकान में उत्तर वायव्य कोण में बड़े स्टोर का जो कोना बढ़ा हुआ है वह शुभ नहीं है उसे दीवार बनाकर अलग कर दीजिए।

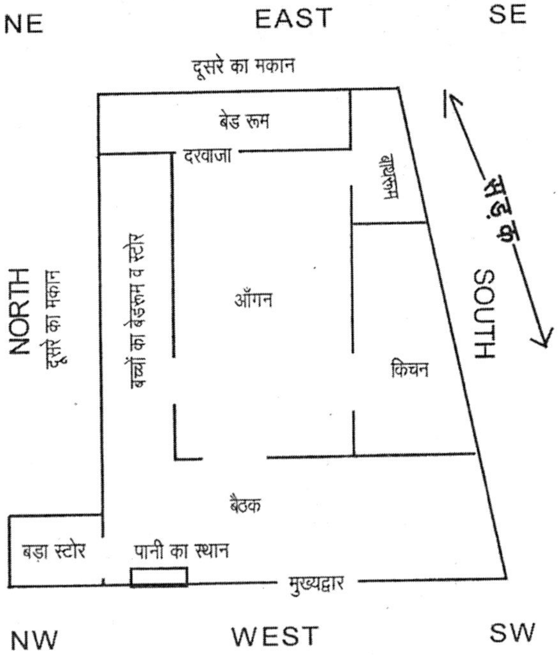

बलदेव सिंह जी के घर का नक्शा

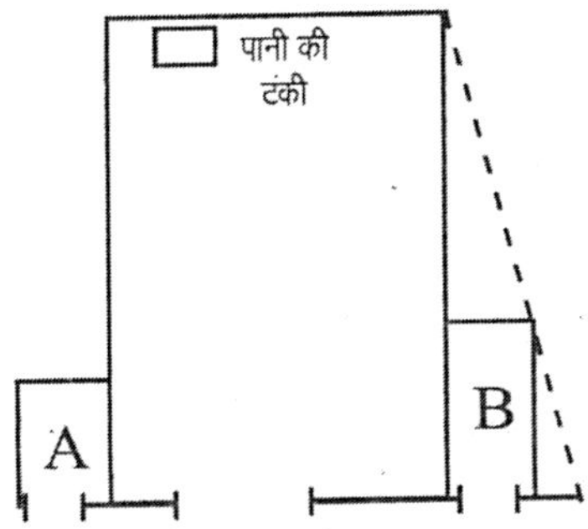

इस तरीके से प्लॉट को आयताकार बना लीजिए। आसपास की जगह बेच दीजिए या A और B अलग से दीवार बनाकर बाहर से इस जगह को उपयोग में ले सकते हैं।

परिवर्तित नक्शा

मकान का दक्षिण नैत्रृत्य का भाग बढ़ा हुआ है। वह भी शुभ नहीं है। अतः इसे भी दीवार बनाकर 90^0 का करना होगा।

आप किचन की जगह मास्टर बेड रूम बनाएं व बेड रूम को छोटा करके आग्नेय कोण में किचन बनाएं।

जहां अभी बेड रूम का दरवाजा है वहां भूमिगत पानी की टंकी बनाएं।

पश्चिम में यदि भूमिगत पानी का स्रोत है तो उसे मिट्टी डालकर बंद कर दें।

समस्या : हमने नया मकान 6 जनवरी 2000 को लिया था। अच्छे भविष्य के लिए सोचा था पति की नौकरी लग जाएगी लेकिन आज तीन साल होने को आ गए हैं न तो पति की प्राइवेट नौकरी लगी और न ही सरकारी, ये अधिकतर समय दूर पर ही रहते हैं। कृपया कोई उपाय बताएं?

रेखा अग्रवाल, दिल्ली

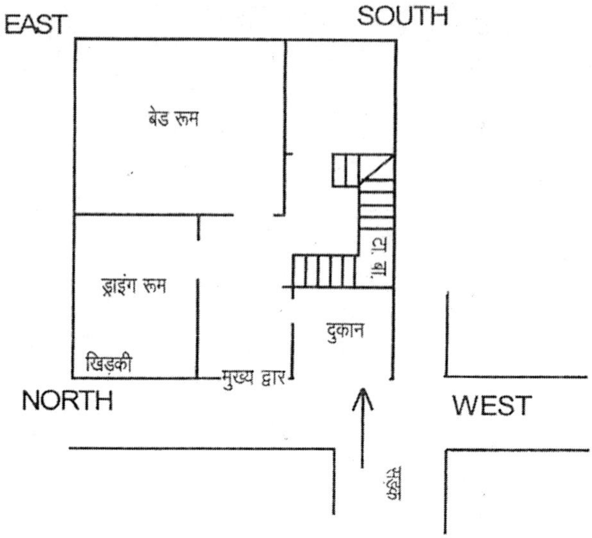

रेखा अग्रवाल जी के घर का नक्शा

समाधान : आपके मकान में दो वास्तु दोष हैं, जिसमें से नं. 1 महत्वपूर्ण दोष है।

आपके मकान में जहां दुकान है वहां पर उत्तर वायव्य से आता हुआ मार्ग वेध है। उत्तर वायव्य का मार्ग वेध अशुभ होता है, इसी मार्ग वेध के प्रभाव से आपके पति घर में कम रह पाते हैं और टूर पर रहते हैं। यह मार्ग वेध इसके अलावा भी कई अन्य परेशानियां पैदा करता है। निश्चित रूप से आपके घर का ईशान कोण भी ऊंचा होगा।

यदि यह दुकान किसी अन्य व्यक्ति को बेच दी जाए और इसका अपने घर के साथ दरवाजे, या खिड़की किसी भी प्रकार से सम्पर्क न रहे तो, यह दोष दूर हो सकता है।

आपके मकान का मुख्य द्वार भी सही जगह नहीं है। इसे ड्राइंग रूम की खिड़की के पास से बनाया जाए तो यह दोष भी दूर हो जाएगा।

इन परिवर्तनों से निश्चित लाभ होगा ऐसा विश्वास है।

समस्या : मैं अपने मकान में निम्न परिवर्तन करना चाहता हूं। क्या यह वास्तु अनुरूप होंगे। किचन व स्टोर रूम को मिलाकर बड़ा व

हवादार बनाना। ड्राइंग रूम व बेड रूम को मिलाकर ड्राइंग कम बेड रूम बनाना।

सरदार सिंह चौहान, फतेहगढ़ (राजस्थान)

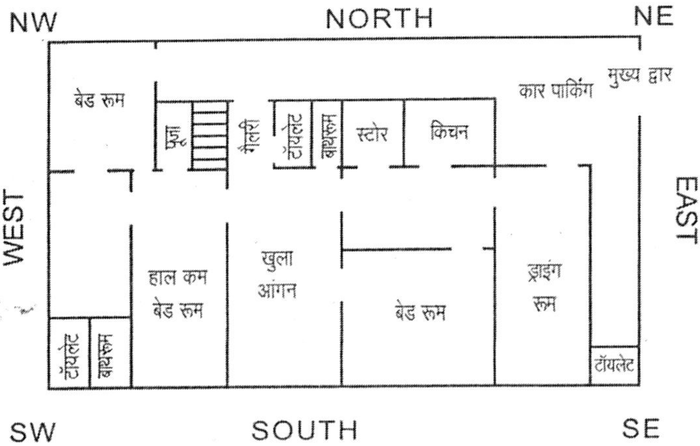

सरदारसिंह चौहान के घर का नक्शा

समाधान : आपके भवन में कार पार्किंग वाले स्थान पर ईशान कोण कट गया है। पूर्व आग्नेय में टॉयलेट, उत्तर वायव्य में बेड रूम बने होने के कारण पूर्व आग्नेय व उत्तर वायव्य बढ़ गए हैं। यह सभी अत्यंत महत्त्वपूर्ण वास्तु दोष हैं। जिनके कारण आपके घर में विवाद, आर्थिक कष्ट, स्वास्थ्य संबंधी कष्ट रहते हैं व बच्चों की तरक्की नहीं हो पाती है। पहले इस बारे में सोचें।

किचन उत्तर में है यह भी सही जगह नहीं है। स्टोर व किचन साथ–साथ होने से जीविका चलाने के लिए ज्यादा मेहनत करना पड़ती है। अतः किचन व स्टोर का अलग–अलग रहना बेहतर है।

ड्राइंगरूम के साथ बेड रूम मिला सकते है।

समस्या : नक्शे में रसोई के नीचे अंडर ग्राउंड बनाने हेतु प्रस्तावित है। क्या यह वास्तु अनुरूप है अन्यथा अंडर ग्राउंड (भंडारण हेतु) बनाने के लिए उचित जगह का मार्गदर्शन करें।

भवानी प्रसाद राठौर, अजमेर (राजस्थान)

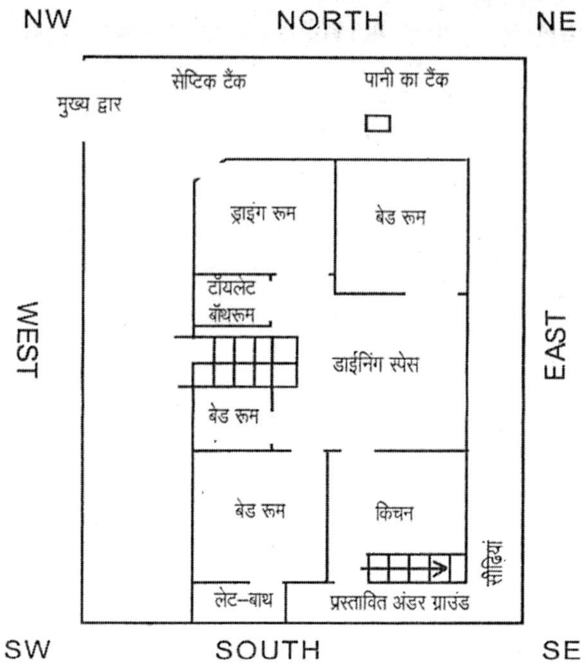

भवानी प्रसाद राठौर के घर का नक्शा

समाधान : आपने भंडार हेतु उचित स्थान की सलाह मांगी है। किसी भी उपयोग के लिए बेसमेंट की उपयुक्त जगह उत्तर या पूर्व ही होती है।

जहां आपने बेसमेंट के लिए प्रस्तावित सीढ़ियां बताई हैं वह स्थान वास्तु अनुरूप नहीं है।

अभी आपका मकान बहुत कुछ वास्तु अनुरूप बना हुआ है कुछ छोटे–छोटे दोष हैं, जो कि महत्वपूर्ण नहीं हैं।

यदि जीवन सुखद चल रहा हो तो बेसमेंट न बनवाएं। यही समझदारी होगी, नहीं तो अकारण परेशानियां पैदा होकर जीवन की सरलता को समाप्त कर देंगी।

समस्या : हमारे मकान का नक्शा देखकर कृपया वास्तु दोषों की जानकारी देने का कष्ट करें। उचित समाधान भी बताएं।

देवव्रत, कन्नौज

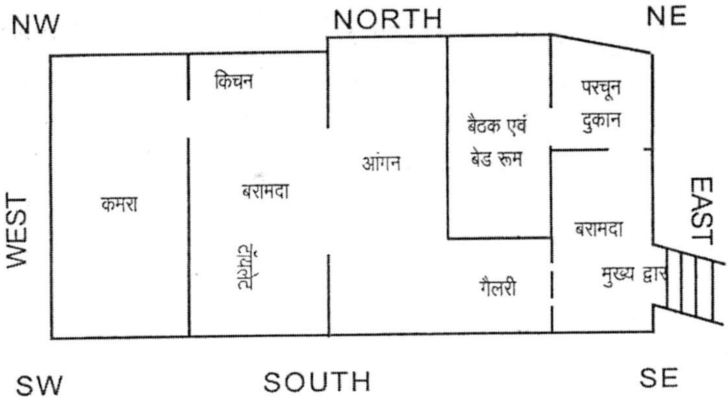

देवव्रत जी के घर का नक्शा

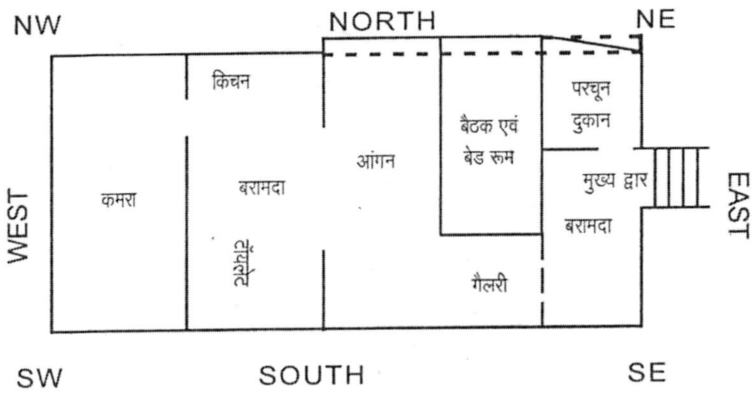

संशोधित नक्शा

समाधान : नक्शे के अनुसार आपके घर मध्य उत्तर से बढ़ा हुआ है, और आपकी दुकान की उत्तर दिशा की दीवार उत्तर ईशान कोण में थोड़ी अंदर की ओर दबी हुई है। इस कारण व्यापार में उचित सफलता नहीं मिल पा रही है और विभिन्न प्रकार की परेशानियों का सामना भी करना पड़ता होगा। दुकान व घर के बीच में रास्ता है। इस कारण इस वास्तु दोष का प्रभाव इस घर में रहने वाले सभी सदस्यों पर पड़ेगा। इस घर में रहने वालों की आर्थिक स्थिति अच्छी नहीं रहेगी। स्वास्थ्य संबंधी कष्ट रहेंगे। घर का मुखिया व बड़ा बेटा उचित तरक्की नहीं कर पाएगा। अतः इसे सीधा कर 90^0 डिग्री का करना

अत्यंत जरूरी है। इसके दो तरीके हैं। संशोधित नक्शे के अनुसार या तो ईशान बढ़ाकर ठीक कर लें यह अति उत्तम रहेगा। नहीं तो मध्य उत्तर से जो बढ़ा हुआ भाग है वहां से दबाकर ठीक कर लें।

आपके मकान का मुख्य द्वार पूर्व आग्नेय में है इस कारण घर में कलह रहती होगी। इसे दुकान के पास पूर्व में स्थानांतरित किया जाए तो यह दोष दूर हो जाएगा।

घर से दुकान में आने जाने के दो रास्ते हैं एक दक्षिण आग्नेय में है व एक पश्चिम नैऋत्य में है। पश्चिम नैऋत्य का दरवाजा दीवार बनाकर बंद कर दीजिए केवल दक्षिण आग्नेय के दरवाजे से दुकान में आना जाना रखिए। इन वास्तु सम्मत उपायों से जीवन सुखद एवं सरल होगा यह मेरा विश्वास है।

समस्या : मैं जुड़वां घर बनाने की सोच रहा हूं। मैंने गृहलक्ष्मी पत्रिका में आपका लेख "जुड़वां घर से जुड़ी जटिलताएं" पढ़ा हैं। अब मैं आपसे सलाह लेना चाहता हूं। नक्शा संलग्न है। ग्राउंड फ्लोर पर भूमिगत पानी का टैंक व सैप्टिक टैंक कहां होना चाहिए। इसका भी उल्लेख करिएगा। कृपया अपनी अनमोल सलाह से मुझे उपकृत करें।

गोपालकृष्ण, रांची (झारखंड)

समाधान : आपने पत्र के साथ जो नक्शा भेजा है उसमें कई वास्तु दोष हैं। पर महत्वपूर्ण वास्तुदोष निम्नलिखित है। घर A के ईशान कोण में गैराज बनाकर आपने ईशान कोण को ढंक दिया है। घर B में किचन ईशान कोण में रखा है और घर B का प्रवेश द्वार पश्चिम नैऋत्य में रखा है। घर B के दक्षिण–पश्चिम में कार खड़ी करने के लिए पोर्टिको बनाने पर दक्षिण नैऋत्य का भाग बढ़ गया है। यदि इस नक्शे के अनुसार मकान बना है तो जीवन दूर्भर हो जाएगा।

मेरा लेख जुड़वां घर से जुड़ी जटिलताएं पुनः पढ़कर उसके अनुरूप अपने आर्किटेक्ट से संशोधित नक्शा बनवाएं।

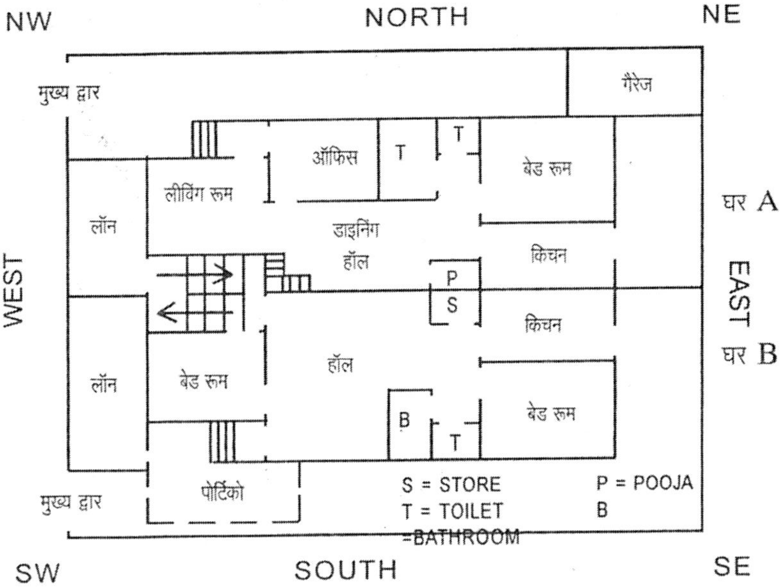

गोपालकृष्ण जी के घर का नक्शा

भूमिगत पानी का स्रोत मध्य उत्तर से ईशान कोण एवं मध्य पूर्व तक कंपाउंड वॉल के पास कहीं भी बनाना वास्तु अनुकूल होता है।

सैप्टिक टैंक प्लॉट के पूर्व में पूर्व आग्नेय के पास या उत्तर में उत्तर वायव्य के पास बनाना चाहिए।

समस्या : हमारा इस मकान में कोई भी काम समय पर नहीं होता है। काफी कर्जा हो चुका है। हमने जिनको उधार दिया है हमें उनसे पैसा वापस नहीं आ रहा है। कृपया उपाय बताएं।

श्रीमती कल्पना, गाजियाबाद (उ.प्र.)

समाधान : आपके मकान के वास्तु दोष और उनको दूर करने के उपाय इस प्रकार हैं।

ईशान कोण में टॉयलेट बाथरूम होने से वहां रहने वालों का पैसा फ्लश होता रहता है। संशोधित नक्शे के अनुसार टॉयलेट या बॉथरूम को तोड़ दें व संशोधित नक्शे के अनुसार उत्तर में नए बनाएं। वायव्य कोण में बना बर्मा

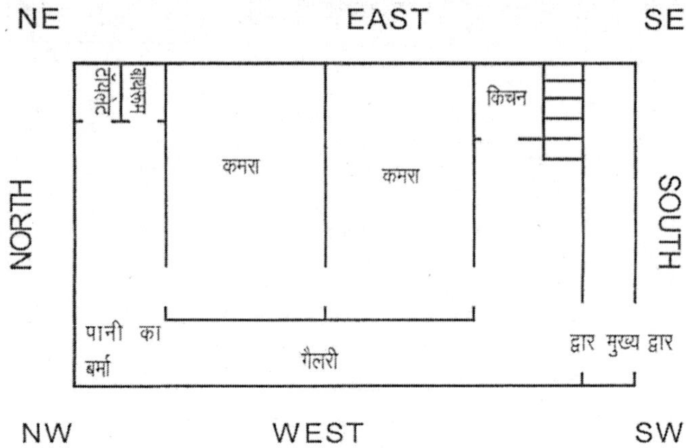

श्रीमती कल्पना जी के घर का नक्शा

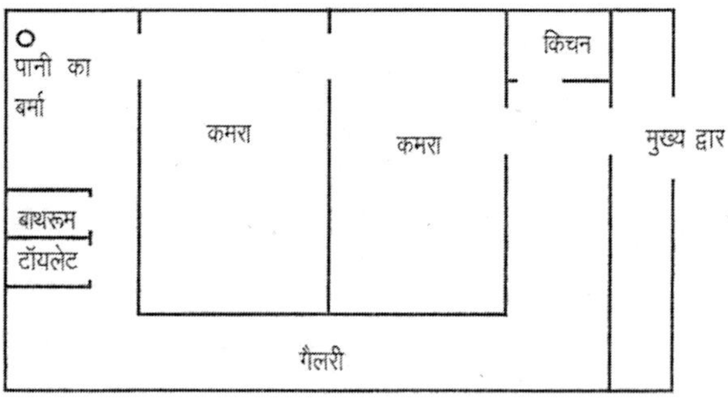

संशोधित नक्शा

वहां मिट्टी डालकर बंद कर दें। जहां अभी ईशान कोण में टॉयलेट बाथरूम है वहां पर नया बर्मा ड्रील करवाएं।

अंदर जाने का दरवाजा नैऋत्य कोण से बंद करके किचन के पास दक्षिण आग्नेय में कर दीजिए। साथ ही अन्य कमरों के दरवाजे भी वहां से हटाकर उसी सीध में लगा दीजिए।

इन दोषों को दूर करने से आपको बहुत राहत मिलेगी।

आपके मकान के वास्तु दोषों का निवारण बिना तोड़–फोड़ के संभव नहीं है। किसी भी प्रकार के अन्य वैकल्पिक उपाय करना, समय व पैसा बर्बाद करना होगा।

समस्या : हमने सुना है कि नार्थ ईस्ट में लेट बाथ होने से मकान में कुछ गड़बड़ी होती है। श्रीमान हम अपने मकान में बिना तोड़–फोड़ के परिवर्तन करना चाहते हैं। क्योंकि हमे लगता है कि हमारे मकान में कुछ गड़बड़ है क्योंकि हमारे परिवार में हमेशा कुछ ना कुछ गलत होता रहता है। कभी भी कोई स्वस्थ नहीं रहता है। कृपया सही जानकारी देने का कष्ट करें ताकि हमारे घर में सुख–शांति रहे।

श्रीमती प्रीती सेन, इन्दौर (म.प्र.)

श्रीमती प्रीति सेन के घर का नक्शा

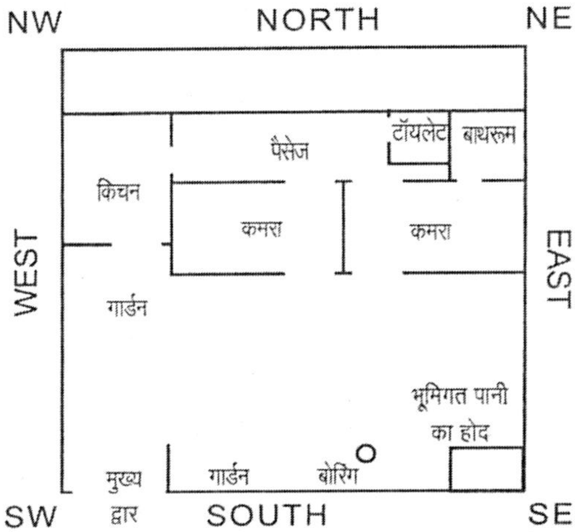

समाधान : आपके मकान में निम्न वास्तु दोष हैं जो आपकी समस्याओं के कारण हैं।

आपके मकान का मुख्य द्वार दक्षिण नैर्ऋत्य में है। इसे दक्षिण आग्नेय में करना होगा।

बोरिंग दक्षिण में है। इसे यहां से बंद करके ईशान कोण में बनाना होगा।

हौद व नल आग्नेय कोण में हैं। होद को मिट्टी से भरकर पूर्व या उत्तर की ओर बनाना होगा।

टॉयलेट बॉथरूम उत्तर पूर्व में है। टॉयलेट बाथरूम को वहां से हटाकर मध्य उत्तर या मध्य पूर्व में बनाना होगा।

एक रूम का द्वार दक्षिण नैर्ऋत्य में है उसे भी दक्षिण आग्नेय में करना होगा। इस परिवर्तन से आपके घर में सुख–शांति का वास होगा और जीवन सरल एवं सुखद होगा।

समस्या : इस मकान को बनाते ही मेरी नौकरी लग गयी और में इस मकान में एक दिन भी नहीं रह सका क्या कारण रहा? यह मकान मेरी स्व. माताजी के नाम से है मेरे नाम से इसका नामांतरण अभी तक नहीं हो पाया है। हमें इस मकान में आ रही समस्या कब तक दूर होगी कृपया मार्गदर्शन करें।

प्रताप सिंह मेहता, मंडार (राजस्थान)

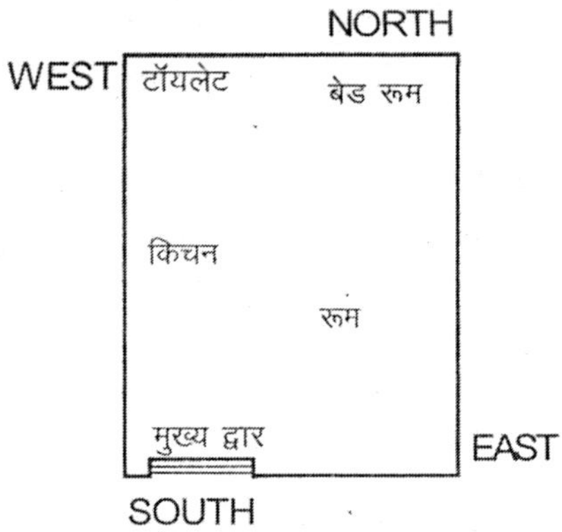

प्रताप सिंह जी के घर का नक्शा

समाधान : आपके भेजे गए नक्शे के अनुसार मकान का प्रवेशद्वार दक्षिण नैऋत्य में दो सीढ़ियां उतर कर बना है। यह महत्वपूर्ण वास्तु दोष है। अतः इस मकान में रहने जाने के योग कम है।

यदि रहने गए तो हमेशा परेशान रहेंगे खासकर घर की महिलाएं ज्यादा परेशान रहेंगी। इसलिए बेहतर होगा कि आप इसे बेच दें।

मकान बनाते ही नौकरी लगने का कारण यह मकान नहीं है। नौकरी लगने का कारण वह मकान है जहां आप इस मकान को बनाने के दौरान रहते थे। उस मकान के कारण नौकरी भी लगी और यह मकान भी बना। पुराना मकान निश्चित ही वास्तु अनुकूल बना होगा।

समस्या : आपको मकान का नक्शा भेज रहा हूं। मकान के पूर्व दक्षिण भाग में पानी भरने का नल कनेक्शन है जिसके कारण चार फीट का गड्ढा है। हमारा मकान दक्षिण दिशा में उत्तर दिशा से

दस फीट नीचा है। कृपया उचित एवं शीघ्र मार्गदर्शन करें। हम इस मकान में काफी परेशान रहते हैं।

रमेश डाबी, खरगोन (म.प्र.)

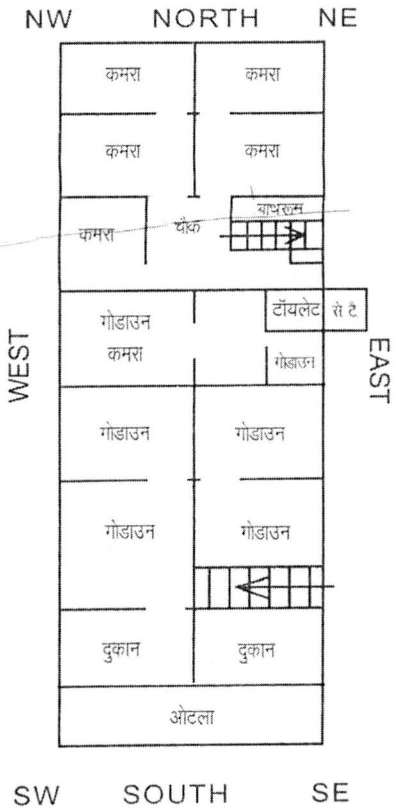

रमेश डाबी जी के घर का नक्शा

समाधान : आपके मकान में निम्नलिखित वास्तु दोष हैं जिसके कारण आपका परिवार परेशान है।

आपके प्लॉट में प्राकृतिक बनावट के कारण प्लॉट का उत्तर की तुलना में दक्षिण भाग दस फीट नीचा है। इस दोष के कारण घर की स्त्रियों को शारीरिक एवं मानसिक कष्ट होता है। परिवार में आर्थिक परेशानी भी रहती है। सबसे पहले प्लॉट के इस प्राकृतिक दोष को दूर करना होगा।

दक्षिण पूर्व में पानी भरने के लिए चार फीट का गड्ढा होने से वाद–विवाद के प्रसंग आते हैं, चोरी का भय रहता है और घर में हमेशा कलह रहती है। इस गड्ढे को मिट्टी डालकर बंद करना होगा।

इन दोनो समस्याओं का समाधान बिना तोड़–फोड़ के संभव नहीं है। यहां यंत्र–मंत्र–तंत्र, टोटके, पूजा–पाठ सभी व्यर्थ हैं। आप स्वयं ही अपनी समझ से निर्णय ले लें।

समस्या : मैंने इस मकान को बना बनाया खरीदा था। यहां आने के बाद मेरी पत्नी की तबियत हमेशा खराब रहती है। हम रोजमर्रा की जिंदगी में कोई न कोई समस्या पैदा होते रहने से अच्छा महसूस नहीं करते हैं। मैं इस मकान में कुछ छोटे परिवर्तन करना चाहता हूं। कृपया मार्गदर्शन करें।

प्रकाश जी वर्मा, गांधीधाम (गुजरात)

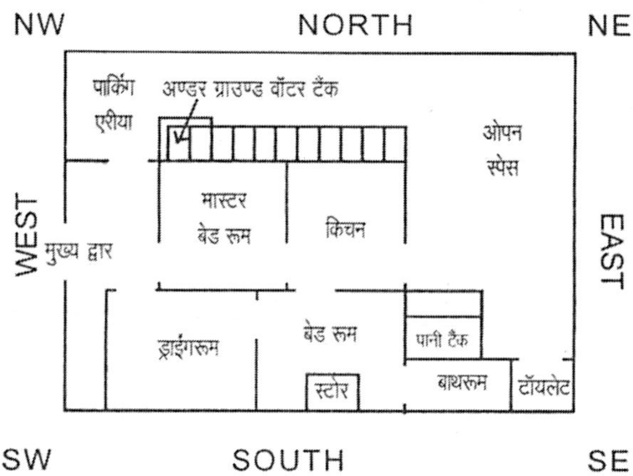

प्रकाशजी वर्मा जी के घर का नक्शा

समाधान : आपके द्वारा भेजा घर का नक्शा देखा। आपके घर में कई महत्वपूर्ण वास्तु दोष हैं जो आपकी परेशानियों का कारण बने हुए हैं।

आपके आयताकार प्लॉट पर अनियमित आकार का सीढ़ीनुमा घर बना हुआ है, जिसमें पूर्व आग्नेय में निर्माण होने से ईशान कोण कट गया है। ड्राइंग रूम के कारण भवन का पश्चिम नैऋत्य कोण बढ़ गया है।

किचन ईशान कोण में बना हुआ है।

अंडर ग्राउंड वॉटर टैंक उत्तर वायव्य में बना हुआ है।

मास्टर बेड रूम, किचन, ड्राइंग रूम के दरवाजे भी वास्तु विपरीत स्थापित किए हुए हैं।

इसमें बिना बड़ी तोड़–फोड़ किए सुधार करना असंभव है।

पर एक महत्वपूर्ण परिवर्तन आप अवश्य कर लें कि, अंडर ग्राउंड वॉटर टैंक जहां अभी है वहां से बंद करके पूर्व ईशान कोण में नया बना लें, तो आपकी कई समस्याएं खत्म हो जाएंगी।

समस्या : पिछले 10 वर्षों से कर्ज उतर नहीं रहा है यह कर्जा मकान में कुछ बदलाव व हमारे बंटवारे के बाद हुआ है। अभी हम इस मकान में कुछ भी तोड़–फोड़ करने की स्थिति में नहीं हैं। कृपया हमारी गरीबी को ध्यान में रखकर समाधान बताएं।

छोगालाल जी, नागौर (राजस्थान)

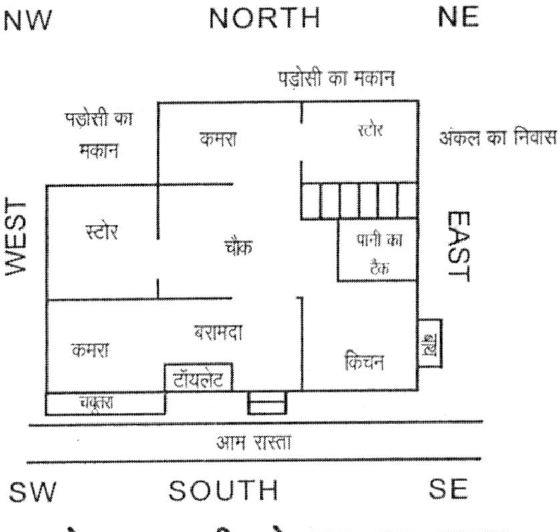

छोगालाल जी के घर का नक्शा

समाधान : आपके कर्ज का कारण आपके मकान में निम्न वास्तु दोषों का होना है।

आपके द्वारा भेजे गए नक्शे के निरिक्षण के बाद पाया गया उत्तर में

पड़ोसियों का मकान, पूर्व में अंकल का निवास होने के कारण उन दिशाओं में न तो कोई दरवाजा न कोई खिड़की है अतः आपके यहां सूर्य द्वारा मिलने वाली सकारात्मक ऊर्जा का संचार नहीं हो पा रहा है। पूर्व आग्नेय में स्नानघर आगे की ओर निकला हुआ है। दक्षिण नैऋत्य चबूतरा बनने से बढ़ गया है। परेशानियों का मुख्य कारण यही वास्तु दोष है जिनका सुधार बिना तोड़–फोड़ के संभव नहीं है।

आपकी समस्या का समाधान वास्तु एवं फेंग शुई के छोटे–मोटे उपायों से संभव नहीं है। यदि आप सुखी जीवन बिताना चाहते हैं तो उपरोक्त वास्तु दोषों को दूर करना जरूरी है या फिर बेहतर होगा कि आप इस मकान को छोड़ दें व वास्तु अनुरूप मकान ढूंढ कर जीवन को सुखद बनाएं।

समस्या : जीवन में काफी मेहनत करने के बाद भी उचित सफलता नहीं मिल पा रही है। मेरे मकान में कुछ समस्याएं हैं। कृपया मार्गदर्शन करें। नटवरसिंह रावत, उधमनगर (उत्तरांचल)

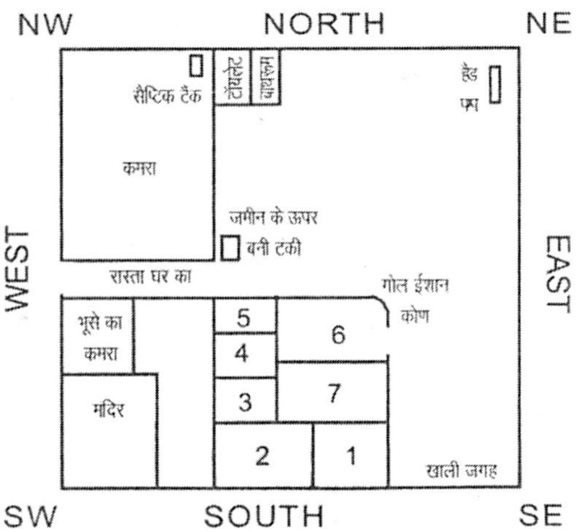

1, 2, 4	–	बेड रूम
6	–	बरामदा बंद
7	–	ड्राइंगरूम
3	–	स्टोर रूम
5	–	रसोईघर

नटवर सिंह जी के घर का नक्शा

समाधान : आपकी समस्याओं का कारण आपके मकान में ढेर सारे वास्तु दोषों का होना है।

आपके मकान के ईशान कोण का गोल होना।

उत्तर पूर्व की चहारदीवारी का ऊंचा होना।

1, 2, 3, 4 व 5 कमरे नं. 6 व 7 की तुलना में 2 फीट नीचे हैं। इस कारण भवन का ईशान कोण ऊंचा हो गया है।

वायव्य कोण में कमरा बनने के कारण दोनों तरफ से मिलाकर देखें तो भी ईशान कोण कटा हुआ है।

यह सभी दोष दूर करने के लिए पहले 6–7 वाले स्थान को 2 फीट नीचा कर पीछे की कमरों के बराबर करना होगा। नया निर्माण या शेड डालकर घर के वायव्य भाग को 6 व 7 के सीध में लाना होगा जिससे कि भवन आयताकार हो जाए। इसके बाद ही जीवन में सफलताएं मिल पाएंगी।

समस्या : व्यापार में लगातार घाटा हो रहा है। घर में हमेशा निराशा रहती है। अन्य स्थान पर वर्षों से सफलतापूर्वक चल रहे कम्प्यूटर इंस्टीट्यूट, बुटीक यहां स्थानांतरित होने के बाद एक वर्ष में ही बंद हो गए।

दीपक, मुरादाबाद (उ.प्र.)

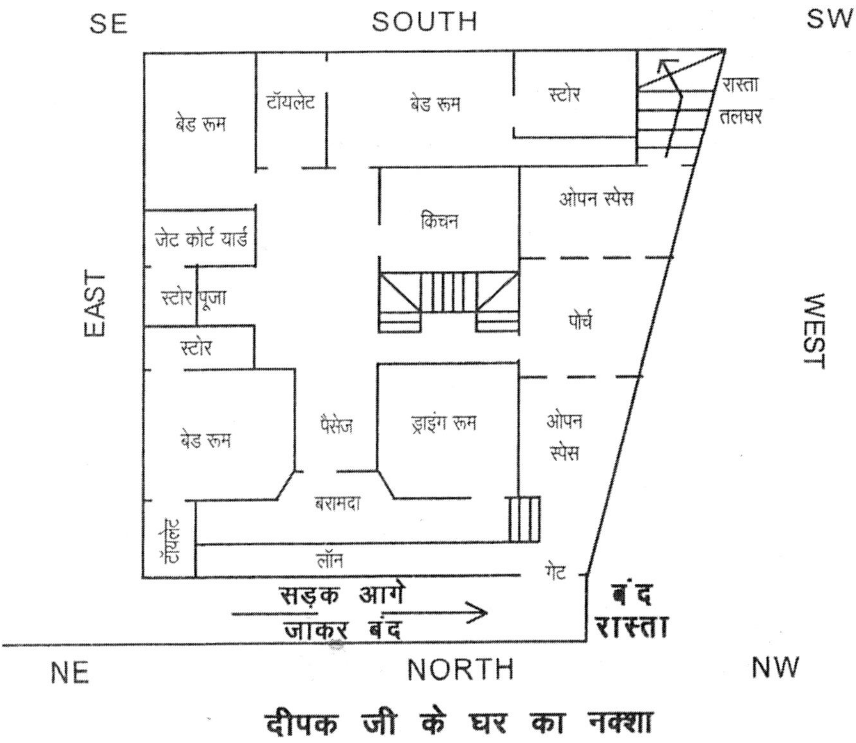

दीपक जी के घर का नक्शा

समाधान : आपके द्वारा भेजे नक्शे के अनुसार आपका मकान Dead End पर स्थित है। क्योंकि उत्तर दिशा में Close Road लिखा है यदि ऐसा है तो आपको एक ही राय दूंगा की यह मकान छोड़ दीजिए। इसी Dead End पर आपके मकान के सामने वाले मकान में रहने वाले भी परेशान होंगे पर आपसे थोड़े कम।

आपके मकान में इस महत्वपूर्ण वास्तु दोष के अलावा कई अन्य वास्तु दोष और भी हैं। जैसे–ईशान कोण में टॉयलेट बाथरूम, सैप्टिक टैंक, दक्षिण में तलघर, मुख्य द्वार उत्तर वायव्य में, प्लॉट का पश्चिम नैऋत्य में बढ़ा होना, तलघर का रास्ता पश्चिम नैऋत्य में होना, मध्य में सीढ़ियां होना व उस पर पानी की टंकी होना, पूर्व आग्नेय में जेट का होना इत्यादि। यह मकान छोड़ना ही बेहतर होगा। पूरा मकान तोड़कर बनाने पर भी Dead End वाला वास्तु दोष तो दूर हो ही नहीं सकता।

समस्या : हमारा मकान बनकर लगभग तैयार है मेरी समस्या यह है कि हमारा मास्टर बेड रूम उत्तर पश्चिम दिशा में है जो कि शायद वास्तु के अनुसार उचित नहीं है। कृपया हमारे नए घर के बारे में आपके कुछ भी विचार हों तो वह भी सादर आमंत्रित हैं।

श्रीमती सुषमा शर्मा, नागपुर (महाराष्ट्र)

समाधान : आपके द्वारा भेजा पत्र पढ़ा एवं नक्शा देखा। आपने लिखा है कि आपका मास्टर बेड रूम उत्तर–पश्चिम दिशा में आ रहा है। यह कोई महत्वपूर्ण वास्तु दोष नहीं है। अतः इसकी चिंता न करें।

आपने इस मकान के बारे में विचार मांगे हैं तो वह इस प्रकार हैं–

आपका मकान अनियमित आकार के प्लॉट पर बना है। प्लॉट का ईशान कोण बढ़ा होना तो बहुत शुभ है पर साथ में दक्षिण नैऋत्य भी बढ़ गया है जो कि अत्यंत अशुभ है।

उत्तर वायव्य कोण मे स्टडी कम ड्रेसिंग रूम बनाने से उत्तर वायव्य कोण बढ़ गया है। इस कारण भवन का ईशान कोण कट गया है जो कि अत्यंत अशुभ है।

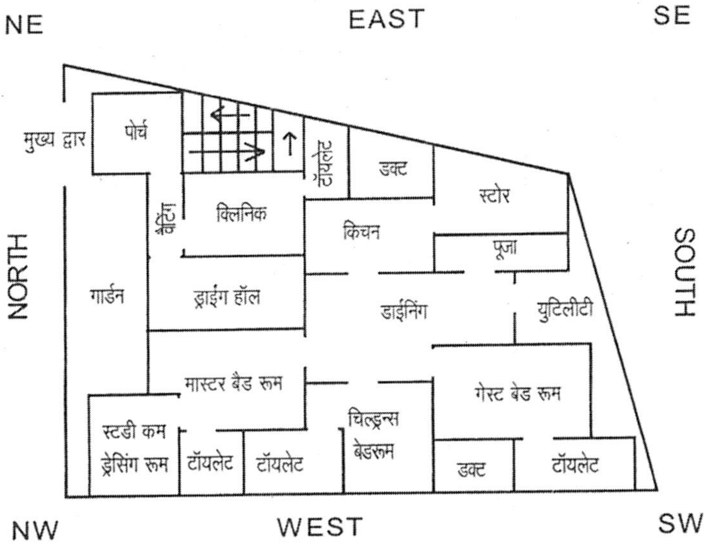

श्रीमती सुषमा के घर का नक्शा

आपके प्लॉट में दक्षिण नैऋत्य के बढ़े हुए भाग में निर्माण कार्य होने से भवन का दक्षिण नैऋत्य कोण भी बढ़ गया है।

यह सभी वास्तु दोष यहां रहने वालों को आर्थिक, मानसिक व शारीरिक विभिन्न प्रकार की परेशानियां पैदा करते रहेंगे।

समस्या : मेरे घर का निर्माण कई साल पहले हो गया था। आज वास्तु विषय पर कई वास्तुविदों के लेख पढ़कर भ्रमित हो जाती हूं। इसी भ्रम को दूर करने व उचित समाधान प्राप्त करने की उम्मीद में मैं अपने घर का नक्शा तथा अपनी आशंकाएं लिख कर भेज रही हूं। कृपया समाधान करें।

- **रसोईघर की स्थिति ठीक नहीं है।**
- **जेट पंप का स्थान भी संभवतः ठीक नहीं है।**
- **मकान में उत्तर की अपेक्षा दक्षिण में अधिक खुली जगह हो तो इस दोष का क्या समाधान है?**
- **क्या बिना तोड़फोड़ किए वास्तु दोष का समाधान संभव है?**

श्रीमती पूनम मिश्रा, पटना (बिहार)

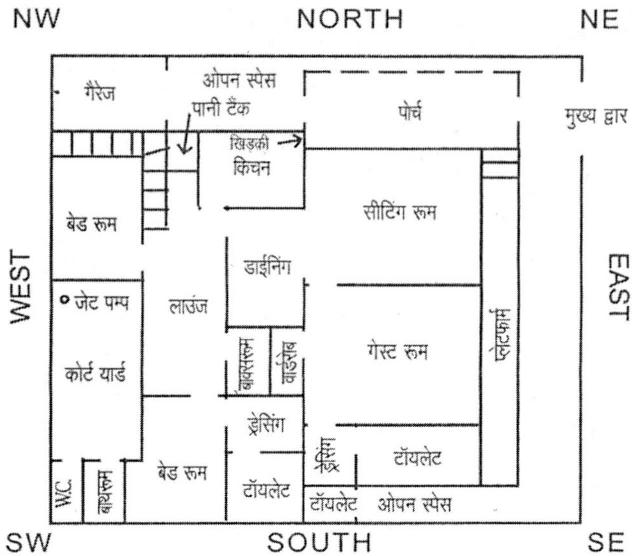

श्रीमती पूनम मिश्रा के घर का नक्शा

समाधान : ❑ यह सही है कि आपका किचन सही जगह नहीं है साथ ही किचन उत्तर दिशा में सीटिंग रूम से थोड़ा आगे बढ़कर बना है जहां आपने मुख्य द्वार पर निगाह रखने के लिए किचन के ईशान कोण में खिड़की बना रखी है। इस कारण भवन का ईशान कोण कट गया है। यह एक महत्वपूर्ण वास्तु दोष है। अतः सीटिंग रूम को उत्तर ईशान में बढ़ाकर यह दोष दूर करें।

❑ आपका जेट पंप बहुत ही गलत जगह पर बना हुआ है। यह एक महत्वपूर्ण वास्तु दोष है, सबसे पहले इसे बंद करके गेट के पास पूर्व दिशा में स्थापित करें। इससे आपकी कई समस्याओं का समाधान होगा।

❑ यदि मकान के दक्षिण दिशा में उत्तर दिशा की तुलना में ज्यादा खुली जगह हो तो, दक्षिण में निर्माण कार्य करके यहां बड़े पेड़ लगा कर इस दोष को दूर किया जा सकता है।

❑ महत्वपूर्ण वास्तु दोष बिना तोड़–फोड़ के ठीक नहीं किए जा सकते हैं।

समस्या : मैं आपको प्लॉट का नक्शा भेज रहा हूं। कृपया वास्तुशास्त्र के अनुसार भवन निर्माण के लिए इसमें दिशा निर्देश देने का कष्ट

करें। सड़क से प्लॉट की गहराई 10 फीट है 10 फीट पीलर से सड़क के समांतर लेंटर डालने के बाद रहने का मकान बनाना है। नीचे 600 वर्ग फीट का खाली हॉल बनाना है। कृपया मार्गदर्शन करें।

गिरधरसिंह, साहिबाबाद

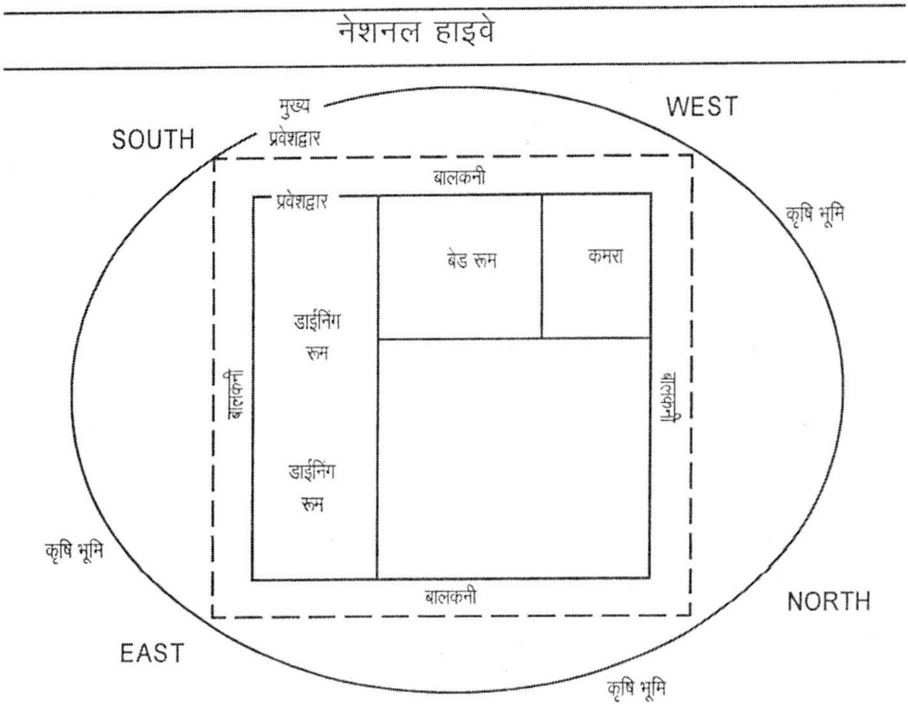

गिरधर सिंह जी के घर का नक्शा

समाधान : आपका अंडाकार प्लॉट नैऋत्य मुखी है। यदि आप वर्गाकार निर्माण करने के साथ बालकनी भी वर्गाकार बनाएं तो यहां घर का निर्माण कर सकते हैं। वर्गाकार प्लॉट अलग करने के बाद का बाकी बचा हुआ भाग छोड़ दें। वहां किसी प्रकार की तार फेंसिंग या कंपाउंड वॉल कुछ भी न बनाएं। जैसे यह हिस्सा आप का है ही नहीं।

नक्शा देखने से लगता है कि आपके प्लॉट का दक्षिण–पश्चिम भाग ऊंचा है और बाकि उत्तर–पूर्व नीचा है जहां कृषि भूमि है। अतः यहां बेसमेंट बनाया जा सकता है।

मुझे देखने में आया है कि 95 प्रतिशत बेसमेंट गलत बनते हैं। आप बेसमेंट बनाने के लिए मेरी पुस्तक "भवन निर्माण और वास्तु एवं फेंग शुई" का अध्ययन कर वास्तु अनुरूप बेसमेंट बना सकते हैं नहीं तो किसी विद्वान वास्तुशास्त्री की सलाह लेकर ही बनवाएं।

समस्या : हमारे घर का प्लॉट दक्षिण मुखी है जहां हमें विभिन्न प्रकार की परेशानियां बनी रहती हैं। कृपया मार्गदर्शन दें।

रोहित प्रताप सिंह, मथुरा (उ.प्र.)

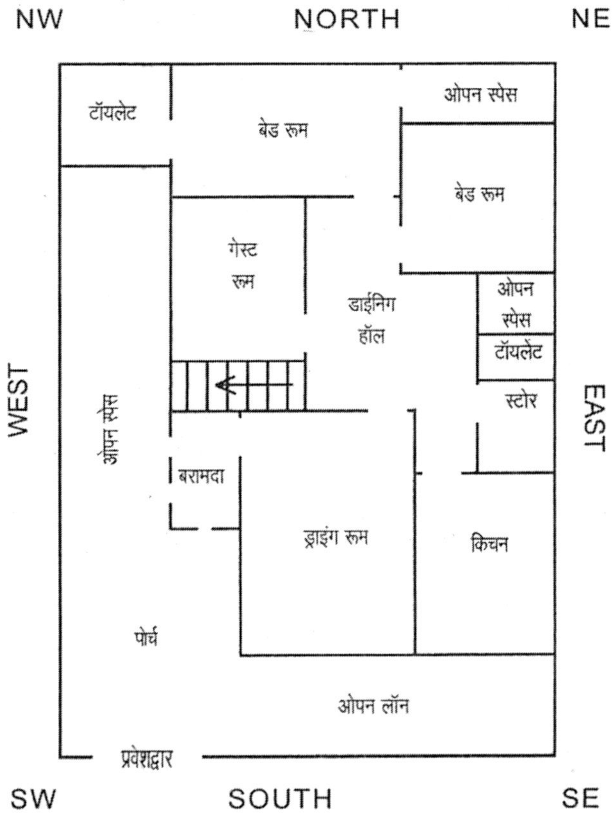

रोहित प्रताप सिंह जी के घर का नक्शा

समाधान : आपके मकान का नक्शा देखने पर निम्नलिखित वास्तु दोष नजर आए हैं–

उत्तर की तुलना में दक्षिण में और पूर्व की तुलना में पश्चिम में खुला स्थान ज्यादा है।

आपके भवन का मुख्य द्वार दक्षिण नैऋत्य में है।

इन दोनों कारणों से यह माना जाएगा कि मकान पूर्णतः वास्तु विपरीत है। इस प्रकार के मकान में रहने वाले हमेशा आर्थिक, शारीरिक व मानसिक रूप से परेशान रहते हैं। विशेष कर घर की स्त्रियों का स्वास्थ्य ज्यादा खराब रहता है।

इस मकान का वास्तु दोष निवारण अत्यंत मुश्किल है। यह बड़ी तोड़–फोड़ के बिना संभव नहीं है। इन समस्याओं का समाधान वास्तु एवं फेंग शुई के किसी भी उपाय से संभव नहीं है। यहां यंत्र, मंत्र, टोटके, पूजा–पाठ सभी व्यर्थ हैं। आपकी परेशानियों को कम करने के लिए आप निम्न तीन परिवर्तन कर दीजिए जिससे कम खर्च में आपको बहुत राहत मिलेगी।

ईशान कोण में स्थित ओपन स्पेस में भूमिगत पानी का स्रोत बनवाइए।

प्रवेशद्वार दक्षिण नैऋत्य से बंद करके दक्षिण आग्नेय में बनाइए।

नैऋत्य कोण के खुले हुए भाग पर पेड़ लगाएं।

समस्या : Setting of all rooms.

कैलाशनाथ, लुधियाना (पंजाब)

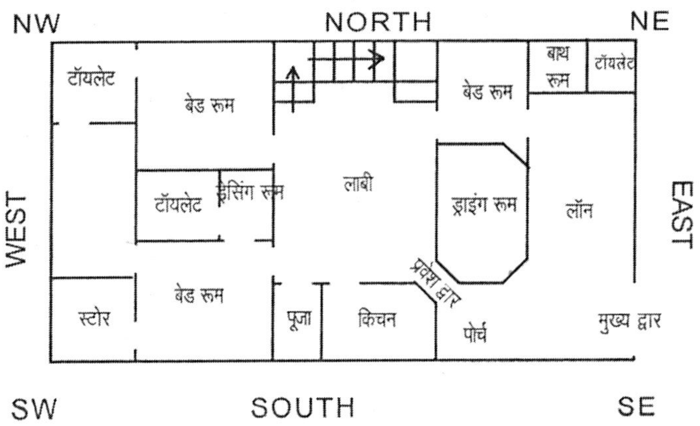

कैलाशनाथ जी के घर का नक्शा

समाधान : आपके द्वारा भेजा Propose sketch plan of House मिला। आपने लिखा है, समस्या Setting of all rooms. आप क्या चाहते हैं? मैं समझ नहीं पा रहा हूं।

फिर भी यदि आपने इस नक्शे के आधार पर मकान न बनाया हो तो किसी वास्तु विशेषज्ञ की सलाह लेकर पुनः नया नक्शा बनवाइए क्योंकि इस नक्शे में ढेरों वास्तु दोष हैं जो कि आपको जीवन भर आर्थिक, शारीरिक व मानसिक रूप से परेशान करते रहेंगे। बेवजह विवाद के प्रसंग पैदा होते रहेंगे।

समस्या : मैं अपने मकान का नक्शा भेज रही हूं। यह मकान मेरे ससुर जी के नाम से है तथा रहते हम लोग यानी मेरे पति, बेटी व मैं। क्या इसका फर्क वास्तु पर पड़ता है। हमारे घर में मैं काफी सुस्त रहती हूं मुझे ऊर्जा युक्त होना है क्योंकि मेरा कोई भी काम कभी भी समय पर पुरा नहीं होता है, कृपया बताएं की हमारा जीवन वास्तु के अनुसार किस हद तक सुधर सकता है।

श्रीमती सुशीला खण्डेलवाल, अजमेर (राजस्थान)

समाधान : आपका मकान का नक्शा देखने पर निम्नलिखित वास्तु दोष नजर आए हैं–

ड्राइंग रूम का दरवाजा कमरे के पश्चिम नैऋत्य में है वह सही जगह नहीं है उसे पश्चिम वायव्य में करना जरूरी है इसी कमरे में पूर्व का दरवाजा ठीक है।

ईशान कोण में स्टोर रूम होना साथ ही टॉयलेट बाथरूम होना भी महत्वपूर्ण वास्तु दोष है इसे सुधारना होगा। स्टोर रूम खाली करके वहां पर अंडर ग्राउंड वाटर टैंक बना दिया जाए तो बहुत शुभ होगा साथ ही यहां पर उत्तर या पूर्व में खिड़की बनाएं नहीं तो छत को थोड़ा खोलकर रोशनी की व्यवस्था करें। इससे आर्थिक स्थिति में सुधार आएगा। खास बात आज की स्थिति में शायद आप पुत्र रत्न की प्राप्ति न कर पाएं पर इस सुधार के बाद उसके भी प्रबल योग बनेंगे। टॉयलेट बाथरूम में से टॉयलेट हटा दिया जाए। यहां केवल बाथरूम रहे और संशोधित नक्शे के अनुसार टॉयलेट बाथरूम व

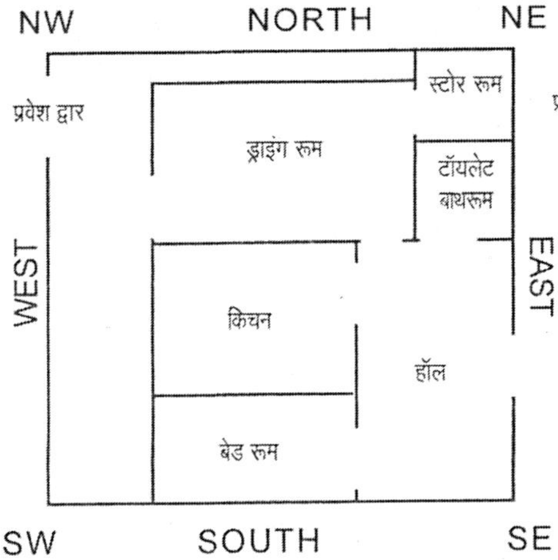

श्रीमती सुशीला खंडेलवाल के घर का नक्शा

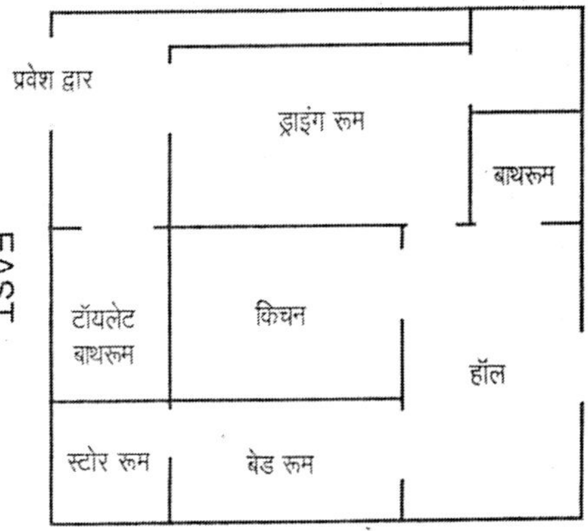

संशोधित नक्शा

स्टोर रूम पश्चिम दिशा में बना दिए जाए। इस परिवर्तन से एक आपके घर एक वास्तु दोष और दूर हो जाएगा वह यह कि पश्चिम व पश्चिम नैऋत्य में प्लॉट का खाली स्थान पड़ा है वह भी ढक जाएगा। पश्चिम में टॉयलेट में वेस्टर्न कमोड ही लगाइए। पश्चिम व पश्चिम वायव्य में शेड डालकर भवन को आयताकार भी करें।

रसोईघर मकान के आग्नेय कोण में होना शुभ होता है, पर आपकी रसोई सेकेंड च्वाइस वाले स्थान पर बनी है अतः चिंता की कोई बात नहीं है। आपकी रसोई में खाने पीने की वस्तु की कभी कमी नहीं रहेगी, बल्कि कई बार उपयोग में न आने के कारण चीजें फेंकनी पड़ती होंगी। इस कारण थोड़ा पैसे का नुकसान होता है।

मास्टर बेड रूम सही जगह पर है। पश्चिम में काफी खिड़कियां हैं उन पर परदे लगाएं। क्योंकि दोपहर बाद की सूर्य की हानिकारक किरणें नुकसान पहुंचाती हैं। यदि स्टोर रूम व टॉयलेट बाथरूम बना दिए तो यह समस्या अपने आप समाप्त हो जाएगी। मकान की रजिस्ट्री किसी के भी नाम हो उससे फर्क नहीं पड़ता है उसमें रहने वाले लोगों पर ही इसका प्रभाव होता है। उम्मीद रखता हूं कि इससे आपकी सुस्ती दूर होगी व आप ऊर्जायुक्त हो जाएंगी।

समस्या : हमारी स्पोर्ट्स के सामान की 70 वर्ष पुरानी दुकान है। किसी समय इस दुकान से प्राप्त आय से हमारा घर चलता था। लेकिन पिछले लगभग दस वर्षों से दुकान का किराया व अन्य खर्चे भी नहीं निकल पा रहे हैं, और ग्राहक भी कम होते जा रहे हैं। मेरी एक पुत्री है जिसके विवाह की भी मुझे चिंता है। मुझे नौकरी में भी कोई विशेष सफलता नहीं मिलती है। दुकान किराए की है तोड़–फोड़ लगभग असंभव है फिर भी कृपा कर उचित परामर्श दें।

श्रीमती सुरेखा सेठी, मथुरा (उ.प्र.)

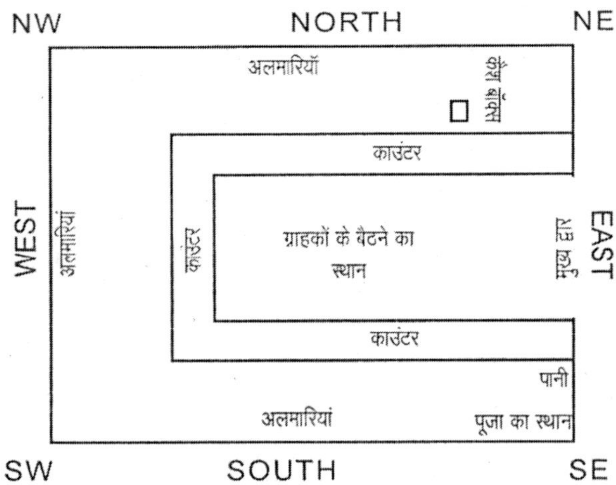

श्रीमती सुरेखा सेठी के दुकान का नक्शा

समाधान : आपकी दुकान का नक्शा देखा। आपकी दुकान में कोई वास्तु दोष नजर नहीं आ रहा है। आपने भी लिखा है कि 70 वर्ष पुरानी यह दुकान पहले खूब चलती थी। अब पिछले दस सालों से ग्राहक आना कम हो गए हैं। आपकी यह समस्या आपके भाग्य के कारण है। इसमें दुकान के वास्तु की कोई भूमिका नहीं है।

समस्या : पिछले पांच साल से जब भी मकान का काम शुरू करता हूं कोई ने कोई हादसा हो जाता है। आमदनी के सभी स्रोत लगभग

बंद हो गए हैं। जो भी कार्य करता हूं फायदा ही नहीं होता है। कृपया उचित मार्गदर्शन करें।

मोहन दास, रायबरेली (उ.प्र.)

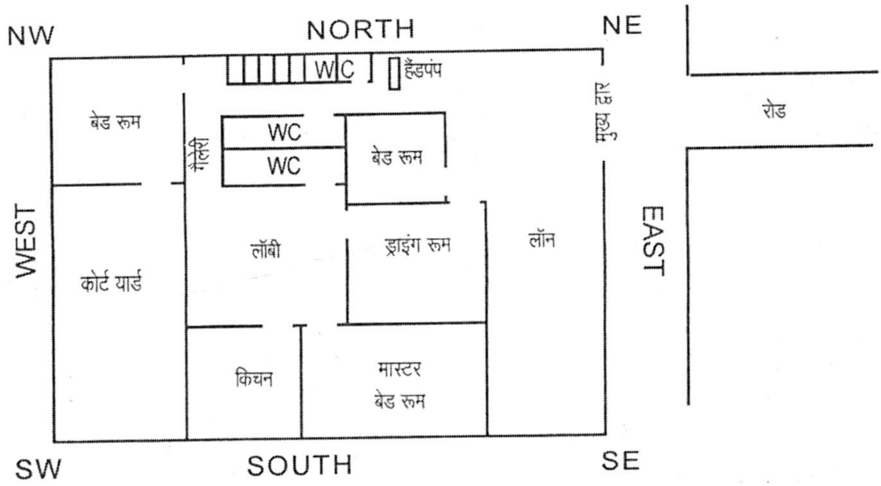

मोहन दास जी के घर का नक्शा

समाधान : आपकी समस्याओं का कारण आपके मकान में निम्नलिखित वास्तु दोष होना है।

आपके पूर्व मुखी आयताकार प्लॉट में भवन का ईशान कोण कटा हुआ है। जो कि एक महत्वपूर्ण वास्तु दोष है।

आपका मकान टी जंक्शन पर है पर यह मार्ग वेध शुभ है।

पर जिस तरह के हादसे आपके घर में हो रहे हैं उसे देखकर लगता है कि घर में कोई और महत्वपूर्ण वास्तु दोष है जो नक्शे में नजर नहीं आ रहा है। पत्र में तो आपने घर की कोई विस्तृत जानकारी नहीं दी परंतु मेरे अनुभव के आधार पर में कह सकता हूं कि आपके मकान के नैऋत्य कोण जहां पर किचन व कोर्ट यार्ड है वहां पर कोई खराबी अवश्य है। जैसे–नैऋत्य कोण वाला भाग ईशान की तुलना में नीचा हो सकता है या वहां पर कोई गड्ढा या सैप्टिक टैंक हो इत्यादि। क्योंकि ऐसे हादसे तभी होते हैं।

आप हैंडपंप को आगे ईशान कोण में बनाकर उत्तर में स्थित बेड रूम को उत्तर व पूर्व दिशा में आगे बढ़ाकर अपने घर को आयताकार बनाएं। इस प्रकार ईशान कोण ठीक करें। दक्षिण नैऋत्य का निरीक्षण करें वहां निश्चित ही कोई न कोई दोष होगा उसे ठीक करें।

समस्या : विगत कुछ वर्षों से क्लिनिक सही नहीं चलने के कारण निरंतर पिछड़ता जा रहा हूं। पहले अज्ञानतावश सीटिंग प्लॉन बदलता तो रहा पर कुछ भी लाभ नहीं हुआ। कृपया मार्गदर्शन करें।

अशोक कुमार, देहरादून (उत्तरांचल)

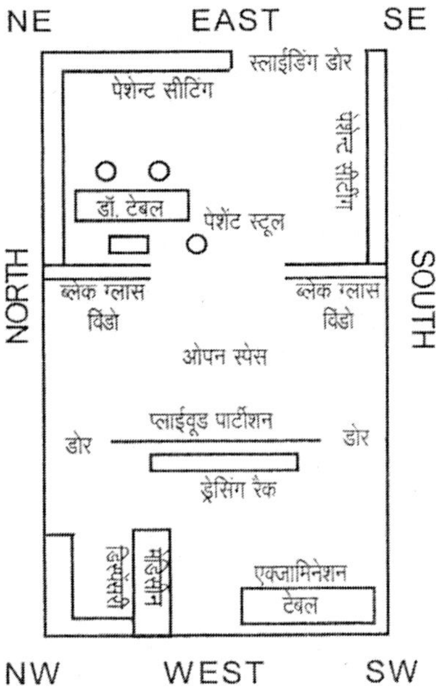

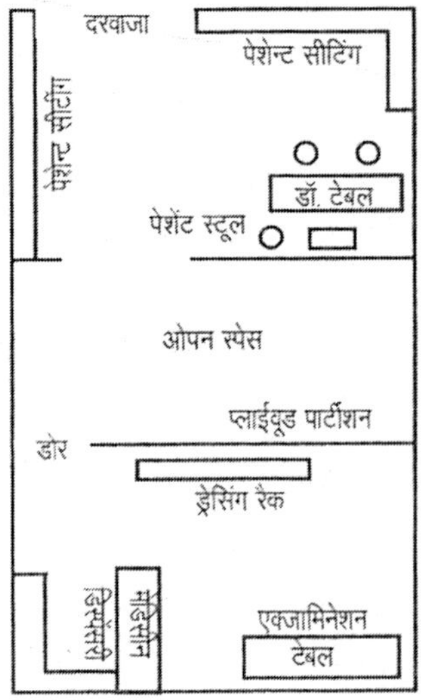

अशोक कुमार जी के क्लीनिक का नक्शा **क्लीनिक का परिवर्तित नक्शा**

समाधान : मुख्य द्वार आग्नेय कोण से हटाकर ईशान कोण में कीजिए और स्लाइडिंग की जगह अंदर की ओर खुलने वाला दो पल्ले वाला दरवाजा लगाइए। इससे मरीजों की संख्या बढ़ जाएगी।

अपनी टेबल कुर्सी वायव्य की जगह नैऋत्य कोण में करिए। पेशेंट स्टूल दाहिने हाथ की जगह बाएं हाथ पर रख दीजिए।

पीछे वाले कमरे में अंदर जाने का दरवाजा जहां अभी बैठक है वहां से कर दें।

इस पार्टीशन में आपने जो ब्लैक ग्लास लगाए हैं उनकी जगह व्हाइट ग्लास लगाएं या प्लाइवुड का पार्टीशन कर दें। ब्लैक ग्लास के कारण आपकी प्रसिद्धि बहुत कम होती जा रही है।

अंदर जो प्लाइवुड का पार्टीशन है उसे दक्षिण की दीवार से सटाकर लगा दें।

आपकी चेयर के पीछे पश्चिम की दीवार पर अपना सुंदर सा मुस्कराता हुआ फोटो लगाएं। यह आपकी प्रसिद्धि बढ़ाएगा।

आपकी फोटो के 1 या 2 फीट ऊपर एक 0 वॉट का लाल रंग का बल्ब लगाएं जो 24 घंटे जलता रहे। बल्ब न लगा सकें तो लाल रंग का गुलदस्ता ही लगा दें। इससे आपकी प्रसिद्धि में चार चांद लगेंगे।

इन परिवर्तनों से आपका जीवन निश्चित ही सुखद एवं सरल हो जाएगा।

समस्या : मैं बहुत बीमार रहती हूं। काफी दिनों से मेरे पति भी बीमार हैं। घर में शांति का माहौल भी नहीं है। पैसे की परेशानी रहती है। क्या हमारे घर में कोई वास्तु दोष है?

सरला शर्मा, दिल्ली

समाधान : आपके घर में सबसे महत्वपूर्ण वास्तु दोष है आपके मकान में दो मुख्य द्वार हैं एक दक्षिण नैऋत्य कोण में है और दूसरा पश्चिम नैऋत्य कोण में है। यदि मुख्य द्वार दक्षिण

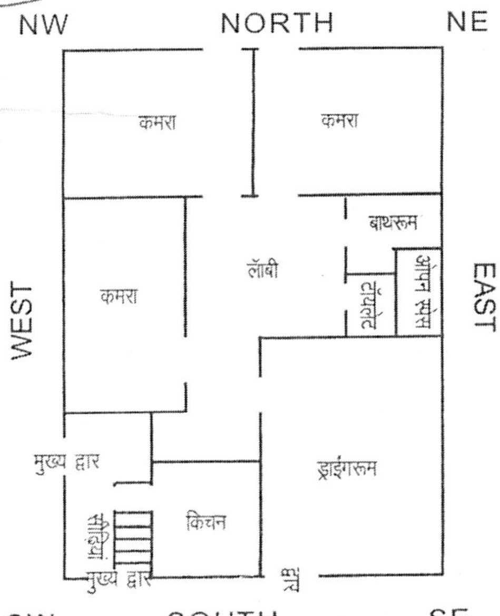

सरला जी के घर का नक्शा

नैऋत्य में हो तो वहां की महिलाओं का स्वास्थ्य खराब रहता है यदि पश्चिम नैऋत्य में हो तो, पुरुषों को स्वास्थ्य संबंधी कष्ट रहते हैं, और वहां रहने वालों की आर्थिक स्थिति हमेशा कमजोर रहती है। किसी भी घर का प्रवेश द्वार पूर्व ईशान, दक्षिण आग्नेय, पश्चिम वायव्य और उत्तर ईशान में होना शुभ होता है। अतः आप इन चारों स्थानों में से कहीं भी अपने भवन के मुख्य द्वार को स्थानांतरित कर लें। ड्राइंगरूम का एक दरवाजा पश्चिम में व दूसरा दक्षिण नैऋत्य में है अतः दक्षिण नैऋत्य का दरवाजा भी बंद करें। इन परिवर्तनों से आपकी कई समस्याएं स्वतः समाप्त हो जाएंगी।

समस्या : मेरी समस्या मेरे पारिवारिक सदस्यों की बीमारी तथा मेरी नौकरी में बाधा है। कृपया वास्तु परिवर्तन व संशोधन के बारे में भी बताएं ताकि हम लोग सुखद जीवन बिता सकें।

नीरज श्रीवास्तव, देवरिया (उ.प्र.)

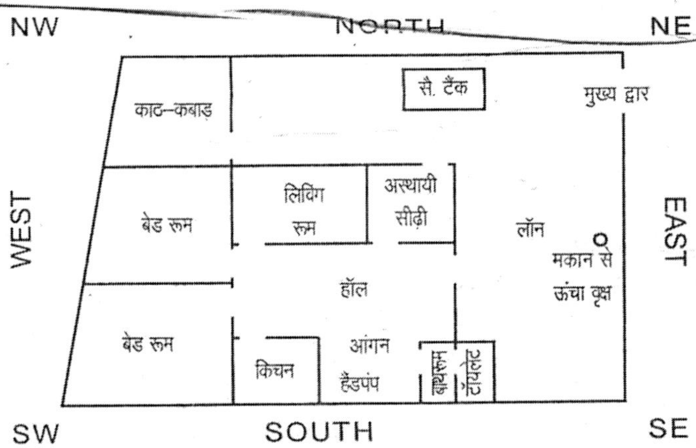

नीरज श्रीवास्तव जी के घर का नक्शा

समाधान : आपके मकान में निम्न वास्तु दोष आपकी समस्याओं के कारण हैं। यह तीन महत्वपूर्ण वास्तु दोष दूर कर दें तो बहुत राहत मिलने की संभावना है।

आपके प्लॉट का नैऋत्य कोण बढ़ा हुआ है। उसे संशोधित नक्शे के

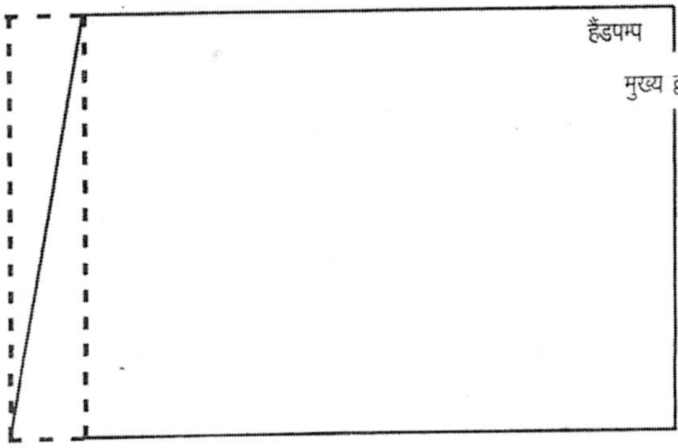

नीरज श्रीवास्तव जी के घर का संशोधित नक्शा

अनुसार नैऋत्य कोण में थोड़ी जगह छोड़कर सीधा कर दें या वायव्य कोण में बढ़ाकर सीधा कर दें।

2 हैंड पंप दक्षिण में है उसे बंद करके पूर्व ईशान में ले आएं।

3 पूर्व में स्थित बड़े वृक्ष के कारण प्रातःकालीन सुबह की सूर्य की जीवनदायी ऊर्जावान किरणें घर के आंगन व घर तक पूर्णरूप से नहीं पहुंच पातीं अतः इसे काट दें।

विश्वास करता हूं कि उपरोक्त परिवर्तन करने के बाद आपको अवश्य लाभ होगा। आपके परिवार का जीवन सरल एवं सुखद हो जाएगा।

समस्या : हमारा घर पूर्व मुखी है तथा घर के पश्चिम में उत्तर से दक्षिण की ओर एक बहता हुआ काफी लंबा नाला है। नाले के उस पार आबादी है। कृपया बताने का कष्ट करें कि किस तरह से किस माध्यम से यह दोष निवारण किया जा सकता है।

संजेश कुमार, देहरादून

समाधान : दक्षिण पश्चिम दिशा में किसी नाले का बहना शुभ नहीं होता है।

इस वास्तु दोष से राहत पाने के लिए आप घर में दक्षिण या पश्चिम दिशा विशेषकर पश्चिम दिशा में किसी प्रकार की खिड़की, दरवाजा इत्यादि न रखें और छत पर इन्ही दिशाओं में 6 से 7 फीट ऊंची पैराफीट वॉल बनाएं।

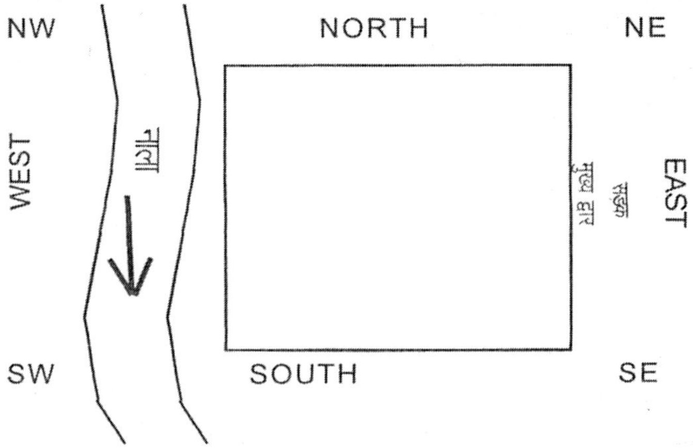

संजेश कुमार के घर का नक्शा

इसके साथ–साथ पूर्व ईशान में भूमिगत पानी की टंकी या कुआं अवश्य बनवाये। जो आबादी नाले के उस पार रहती है उनके लिए यह नाला पूर्व दिशा में होकर शुभ है उस पार की आबादी का वैभव आपकी आबादी वाले इलाके से बहुत ज्यादा होना चाहिए।

समस्या : इस घर में पिछले दो सालों से रह रहे हैं हमारा जीवन अस्थिरता के दौर से गुजर रहा है। उपाय बताएं।

श्रीमती [illegible]
[illegible] कंचन,
जयपुर (राजस्थान)

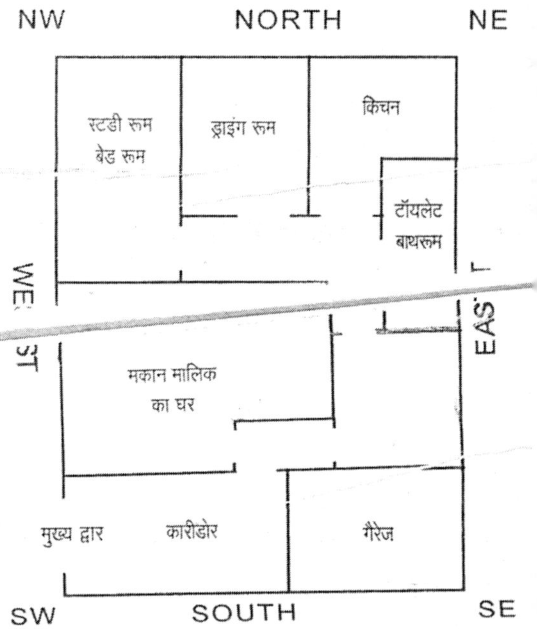

श्रीमती कंचन के घर का नक्शा

समाधान : आपकी समस्याओं का कारण आपके मकान में वास्तु दोष होना है जैसे की नैऋत्य कोण में मुख्य द्वार होना और नैऋत्य कोण में ही आपके घर का द्वार होना, रसोई का ईशान कोण में होना इत्यादि। जब से आप यहां रह रहे होंगे जीवन में दिन–प्रतिदिन परेशानियां बढ़ती ही जा रही होंगी। सुखमय जिंदगी के लिए कठोर निर्णय लें और हिम्मत करके इस मकान को छोड़ दें

समस्या : मैंने अपनी मेहनत की कमाई से एक प्लॉट लिया है और उस पर निर्माण कार्य करवाना है। मैं इसे दो मंजिला बनवाना चाहता हूं। क्या इस प्लॉट पर बना भवन मुझे फल देगा क्योंकि इसकी मुख्य द्वार की दिशा न तो पूर्व में है और न ही उत्तर में है। नक्शा संलग्न है। कृपया मार्गदर्शन दें कि यह प्लॉट कैसा है।

श्री मुकेश शर्मा, दिल्ली

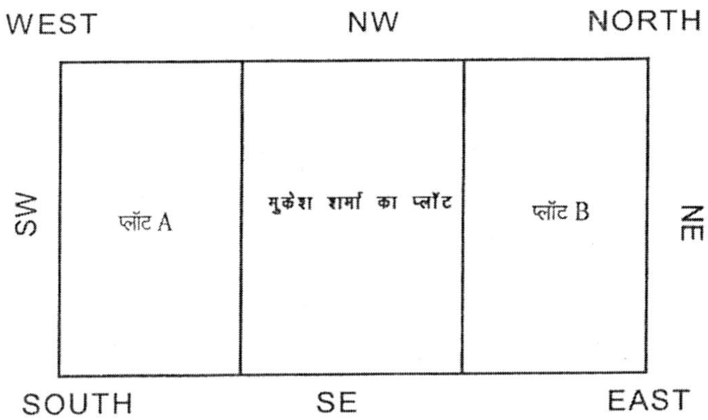

मुकेश शर्मा जी के प्लॉट का नक्शा

समाधान : आपके द्वारा भेजा नक्शा देखा। आपका प्लॉट वास्तु अनुरूप अच्छा है।

इस प्लॉट में आपको मुख्य द्वार दक्षिण आग्नेय में रखना होगा। यदि टाउन प्लॉनिंग के नियमों के कारण आपको इसकी अनुमति न मिले व आपको प्रवेश द्वार दक्षिण नैऋत्य में रखना पड़े तो उस स्थिति में यह प्लॉट छोड़

दीजिएगा। क्योंकि दक्षिण नैऋत्य में मुख्य द्वार रखने के बाद वास्तु अनुरूप भवन का निर्माण हो ही नहीं सकता।

समस्या : हमने यह मकान 1987 में बनाया था। इसके पहले हमारा परिवार समाज व गांव में अच्छा पैसे वाला परिवार था। लेकिन इसके बाद से आज तक बिना मतलब के हमारा पैसा जाता रहा है। हम पांचों भाईयों में से किसी की भी नौकरी नहीं लगी। हर साल 25–30 हजार रुपये व्यर्थ चले जाते हैं। कृपया बताएं की किस तरह वास्तु के द्वारा हमारी दशा बदल सकती है।

कमल किशोर, यमुना नगर

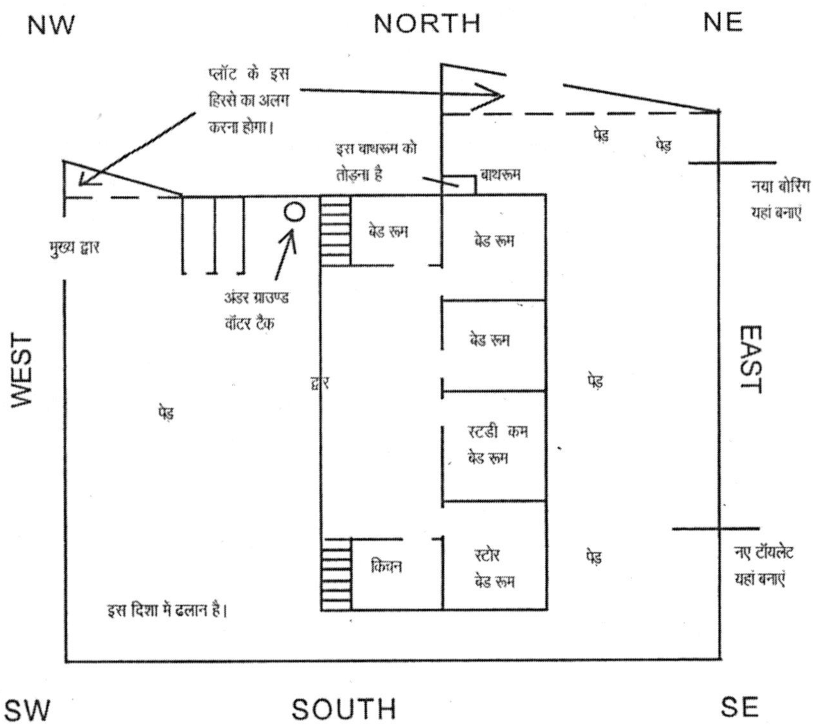

कमल किशोर जी के घर का नक्शा

समाधान : आपके प्लॉट व भवन में निम्नलिखित वास्तु दोष हैं, जिस कारण आपका परिवार विभिन्न समस्याओं से जूझ रहा है।

आपके प्लॉट का उत्तर ईशान वाला भाग अंदर दबा हुआ है जो कि महत्वपूर्ण वास्तु दोष है। इसे उत्तर वायव्य में जगह छोड़कर सीधा कर लें।

उत्तर में बेड रूम के पास एक छोटा सा बाथरूम है, इसके कारण भवन का ईशान कोण कट रहा है यह एक महत्वपूर्ण वास्तु दोष है। अतः इसे तोड़ दें जिससे कि भवन का ईशान कोण ठीक हो जाए। आप चाहें तो उत्तर वायव्य में जो बाथरूम बना है वहां बना लीजिएगा नहीं तो पूर्व में चहारदीवारी छोड़कर बनाया जा सकता है।

आपके भवन का जो पश्चिम की ओर बाहर जाने का रास्ता है, वहां भी उत्तर वायव्य बढ़ा हुआ है। इसे उत्तर वायव्य में जगह छोड़कर सीधा कर लें।

आपके भवन की पूर्व दिशा में बड़े–बड़े पेड़ हैं जो प्रातःकालीन सूर्य से प्राप्त होने वाली ऊर्जा में बाधक बनते हैं। इन्हें कटवा दीजिए।

आपके भवन की ढलान दक्षिण की तरफ है यह भी बहुत ही महत्वपूर्ण वास्तु दोष है इस ढलान को मिट्टी डालकर खत्म कर दीजिए।

प्लॉट व मकान के बाहर निकलने का रास्ता जो उत्तर के सार्वजनिक मार्ग पर खुलता है। वह उत्तर वायव्य में है। उसे उत्तर ईशान में करिए।

अभी अंडर ग्राउंड वॉटर टैंक उत्तम जगह बना है यदि इसे यहां से बंद करके पूर्व ईशान में पेड़ के पास बना दिया जाए तो आपके लिए लाभदायक होगा।

विश्वास करता हूं इन परिवर्तनों से आपकी समस्या हल होगी व जीवन सुखद व सरल बनेगा।

वास्तु जिज्ञासाओं का समाधान

प्रश्न : क्या वास्तुशास्त्र केवल हिंदू धर्म मानने वालों के लिए है?

उत्तर : नहीं! वास्तुशास्त्र पृथ्वी पर रहने वाले सभी प्राणियों के लाभ के लिए भारतीय ऋषि मुनियों द्वारा बनाया गया है। चाहे वह किसी भी धर्म, संप्रदाय या नस्ल के हों, यह उन सब पर समान रूप से लागू होता है।

प्रश्न : सामान्य मनुष्य को कैसे ज्ञात हो कि उसका घर वास्तु अनुरूप है या नहीं?

उत्तर : यदि किसी नए घर में प्रवेश करने से पूर्व या पुराने घर के नवीनीकरण के पहले, यदि जीवन सुखद चल रहा हो, घर में शांति हो, कारोबार ठीक चल रहा हो और इस परिवर्तन के बाद जीवन दूभर हो जाए, घर में अशांति पैदा हो जाए, कारोबार में घाटा होने लगे, स्वास्थ्य ठीक नहीं रहता हो, तो समझ लेना चाहिए कि यह नया घर या यह नवीनीकरण वास्तु विपरीत है।

प्रश्न : यदि घर में वास्तु दोष होने के बाद भी सुख–शांति हो, क्या तब भी वास्तु दोष निवारण अनिवार्य है?

उत्तर : नहीं। यह सही है कि जब भाग्य अनुकूल होकर प्रबल होता है, तब वास्तु दोष का अहसास नहीं होता है। लेकिन जब भाग्य की अनुकूलता समाप्त हो जाती है, तब वास्तु दोष प्रबल होकर जीवन में उथल–पुथल मचा देते हैं। परंतु जब तक भाग्य अनुकूल चल रहा हो तब तक वास्तु में किसी प्रकार की फेर–बदल की कोई आवश्यकता नहीं होती है। हम डॉक्टर के पास तभी जाते हैं, जब हम बीमार होते हैं। स्वस्थ व्यक्ति कभी भी डॉक्टर के पास नहीं जाता है। यदि रोजमर्रा के जीवन में विभिन्न प्रकार की परेशानियां आने लगें, ऐसी परिस्थिति में ही वास्तु दोष का निवारण करवाना चाहिए।

प्रश्न : क्या वास्तु का प्रभाव स्त्रियों व पुरुषों पर अलग–अलग पड़ता है?

उत्तर : हां, वास्तु में पूर्व ईशान, उत्तर ईशान, पश्चिम वायव्य और पश्चिम नैऋत्य का क्षेत्र पुरुषों का प्रतिनिधित्व करता है। आग्नेय, दक्षिण, दक्षिण नैऋत्य और उत्तर वायव्य का क्षेत्र स्त्रियों का प्रतिनिधित्व करता है। वास्तु की शेष दिशाएं स्त्री एवं पुरुषों को समान रूप से प्रभावित करती हैं।

प्रश्न : क्या सिर्फ पूर्व मुखी या उत्तर मुखी प्लॉट ही वास्तु अनुरूप होते हैं?

उत्तर : नहीं, चारों दिशाएं प्रकृति की देन हैं। किसी भी दिशा की तरफ मुख्य द्वार रखकर वास्तु अनुरूप निर्माण किया जा सकता है लेकिन वास्तुशास्त्र के नियमानुसार सूर्य की प्रातःकालीन जीवनदायी ऊर्जा का अधिक से अधिक लाभ लेने के लिए उत्तर और पूर्व दिशा में ज्यादा खुली जगह छोड़नी चाहिए व दोपहर के बाद की सूर्य की नकारात्मक किरणों के संपर्क में कम से कम आएं इसलिए दक्षिण और पश्चिम दिशा में कम जगह छोड़नी चाहिए। इस कारण दक्षिण व पश्चिम मुखी मकान के सामने वाले भाग में गार्डन व वाहन खड़े करने के लिए पर्याप्त जगह नहीं रह पाती है। इस कारण पूर्व मुखी और उत्तर मुखी प्लॉट को ज्यादा अच्छा माना जाता है।

प्रश्न : क्या वास्तु केवल ग्राउंड फ्लोर पर रहने वाले लोगों पर लागू होता है ?

उत्तर : वास्तु का प्रभाव ग्राउंड फ्लोर पर रहने वालों पर शत प्रतिशत पड़ता है। क्योंकि इस शास्त्र का जमीन से ज्यादा संबंध है। जमीन पर ही भूमिगत जल स्रोत, बाग–बगीचे, मुख्य द्वार, जमीन का ऊंचा–नीचा होना, जमीन का आकार इत्यादि होते हैं। जैसे–जैसे ऊपर की मंजिल पर जाते हैं। वैसे–वैसे वास्तु पर जमीन का प्रभाव कम होता जाता है। अंदाजन 8 वें 10 वें फ्लोर पर जाकर इसका प्रभाव 80–90 प्रतिशत ही रह जाता है।

प्रश्न : क्या चीनी वास्तुशास्त्र फेंग शुई की सहायता से भी वास्तु दोष दूर किए जा सकते हैं ?

उत्तर : हां, फेंग शुई का सिद्धांत है, जहां समस्या है, वहां उसका समाधान भी है। परंतु छोटे–छोटे वास्तु दोष निवारण में ही फेंग शुई की उपयोगिता ज्यादा है।

प्रश्न : क्या वास्तुशास्त्र के सिद्धांत सिर्फ भारत में व फेंग शुई के सिद्धांत सिर्फ चीन में लागू होते हैं ?

उत्तर : नहीं, वास्तुशास्त्र और फेंग शुई के सिद्धांत समूचे विश्व में समान रूप से लागू होते हैं क्योंकि यह शास्त्र सूर्य की किरणों एवं पृथ्वी पर बहने वाली चुम्बकीय तरंगों पर आधारित है, जो मनुष्य द्वारा निर्धारित की गई, किसी भी देश की सीमा से प्रभावित नहीं होती हैं।

प्रश्न : क्या वास्तुशास्त्र एवं फेंग शुई दोनों का प्रयोग किसी वास्तु में एक साथ किया जा सकता है ?

उत्तर : हां! वास्तुशास्त्र एवं फेंग शुई इन दोनों शास्त्रों का प्रयोग एक साथ करना बहुत अधिक लाभदायक रहता है। इन दोनों शास्त्रों का प्रयोग अनुभवी व जानकार वास्तुशास्त्री की सलाह पर ही करना चाहिए।

प्रश्न : क्या घर के आगे गाय बांधने से या तुलसी का पौधा लगाने से वास्तु दोष का निवारण होता है?

उत्तर : बिलकुल नहीं। यह सही है कि गाय की उपयोगिता को देखते हुए हम गाय को मां के समान दर्जा देते हैं। गाय बांधना, गाय के गोबर से घर लीपना, घर को गौ मूत्र से धोना यह हमारी धार्मिक आस्थाएं हैं। इसी प्रकार तुलसी के औषधीय गुणों के कारण हम तुलसी की पूजा करते हैं। यह भी हमारी धार्मिक आस्था है। वास्तुशास्त्र विज्ञान है। अतः वास्तु दोष निवारण में ऐसे किसी भी प्रकार की धार्मिक आस्था से जुड़े कृत्य से कोई लाभ नहीं होता है।

प्रश्न : क्या वास्तु अनुरूप घर में बिना किसी प्रकार का परिवर्तन किए स्वतः वास्तु दोष उत्पन्न हो सकता है?

उत्तर : हां, बहुत से ऐसे परिवर्तन होते हैं जो हम नहीं करते पर आस–पास घटित होते रहते हैं जिसके कारण वास्तु अनुरूप घर में बिना किसी परिवर्तन के वास्तु दोष उत्पन्न हो जाता है। जैसे–ईशान कोण में लगे

छोटे–छोटे पौधे जब दस–पंद्रह साल में वृक्ष बन जाते हैं तब ईशान कोण के भारी होने के साथ–साथ बड़े वृक्षों के कारण प्रातःकालीन सूर्य की जीवनदायी किरणें बाधित होने लगती हैं जिससे एक महत्वपूर्ण वास्तु दोष उत्पन्न हो जाता है। घर के उत्तर या पूर्व में ऊंची सड़क या पुल बन जाने से या घर के दक्षिण या पश्चिम में बड़े नाले का निर्माण हो जाने से वास्तु दोष उत्पन्न हो जाता है, इत्यादि। ऐसे कई कारण होते हैं जो आसपास स्थित भवनों में वास्तु दोष पैदा कर देते हैं।

प्रश्न : क्या वास्तु दोष निवारण यंत्र लगाने से कुछ लाभ होता है?

उत्तर : बिलकुल नहीं! वास्तुशास्त्र के प्रथम ग्रंथ से लेकर, 1995 से पूर्व छपे किसी भी वास्तुशास्त्र के ग्रंथ में इस प्रकार के किसी भी यंत्र का वर्णन नहीं है। यह वास्तु दोष निवारण यंत्र केवल तथाकथित लालची वास्तु शास्त्रीयों द्वारा भोली–भाली जनता को लूटने के लिए बनाया गया है। इसे बहुत ज्यादा दाम लेकर लगाया जाता है। वास्तु दोष निवारण यंत्र लगाने से एक प्रतिशत लाभ भी नहीं होता है।

प्रश्न : क्या वास्तु दोष ढूंढने का कोई यंत्र बाजार में उपलब्ध है ?

उत्तर : नहीं! जिन ऋषि–मुनियों ने वास्तुशास्त्र की खोज की उन्होंने तो कोई ऐसा यंत्र नहीं बनाया या भारत व चीन के किसी भी पुराने ग्रंथ में इस प्रकार के यंत्र का वर्णन नहीं मिलता है। कुछ वास्तुशास्त्री लोगों को लूटने के लिए पर्यावरण एवं मानवीय तंत्र की ऊर्जा को मापने के लिए प्रयोग में आने वाला 'लेकर एंटिना' नामक यंत्र का उपयोग वास्तु दोष ढूंढने में करते हैं।

प्रश्न : क्या वास्तुशास्त्र की एक दो पुस्तक पढ़कर स्वयं अपने घर का वास्तु दोष दूर कर सकते हैं?

उत्तर : नहीं! वास्तुशास्त्र पढ़ने में बड़ा सरल लगता है पर व्यवहार में लाने बड़ा कठिन है। एक दो पुस्तक पढ़कर थोड़े बहुत सामान्य वास्तु दोष तो ठीक किए जा सकते हैं, पर महत्वपूर्ण वास्तु दोष को दूर कर पाना संभव नहीं हो पाता है। अल्पज्ञान वाले तो सामान्य व महत्वपूर्ण वास्तु दोष में फर्क नहीं कर पाते हैं, अतः योग्य विद्वान वास्तुशास्त्री से परामर्श लेना ही लाभप्रद रहता है।

अंत में

कई वर्षों के सफल वास्तु परामर्श के अनुभवों के बाद मैंने वास्तु एवं फेंग शुई के विभिन्न पहलुओं पर आठ पुस्तकें लिखी हैं ताकि इन पुस्तकों का अध्ययन कर आप अपने निवास स्थान या व्यावसायिक स्थल को वास्तु अनुरूप बना सकें, या उनमें परिवर्तन कर सुख शांति एवं समृद्धि भरा जीवन व्यतीत कर सकें।

मैंने अनुभवों में पाया है कि दुनिया के किसी भी कोने में, जीवन के किसी भी क्षेत्र में कोई सफल है तो उसका निवास स्थान या व्यावसायिक स्थल वास्तु अनुरूप अवश्य होता है। यदि वहां थोड़ा सा भी वास्तु दोष होता है तो उस वास्तु दोष से होने वाले कुप्रभाव को उन्हें अपने जीवन में अवश्य भुगतना भी पड़ता है।

आम लोगों में भ्रांति है कि वास्तु अनुरूप भवन निर्माण करना बहुत महंगा होता है, जगह बर्बाद होती है। परंतु यह बात पूर्णतः गलत है। सच तो यह है कि, वास्तु अनुरूप भवन बनाना सस्ता पड़ता है और जगह की बर्बादी बिलकुल ही नहीं होती है। देखा जाए तो एक–एक इंच जगह का उपयोग सही तरीके से होता है। वास्तु अनुरूप छोटा मकान भी बड़ा–बड़ा व खुला हुआ नजर आता है।

मैंने अपनी पुस्तकों में वास्तु का सम्पूर्ण लाभ लेने के लिए कई सिद्धांत बताए हैं यदि आप उन सभी का पालन करने में असमर्थ हैं तो भी मेरा आपसे अनुरोध है कि सुखद एवं सफल जीवन के लिए कम से कम नीचे लिखे वास्तु के मात्र तीन महत्वपूर्ण सिद्धांतों का अनुसरण करें। इन तीनों का महत्त्व इस प्रकार समझें कि, जैसे परीक्षा में 100 नंबर का प्रश्न पत्र है तो, यह तीन अनिवार्य प्रश्न 20–20 नंबर के हैं, बाकि सब प्रश्न 1–1, 2–2 नंबर के हैं। इस प्रश्न पत्र में एक विशेष बात ध्यान देने योग्य है कि, यदि तीनों में से किसी भी एक प्रश्न का उत्तर गलत है तो, उसका ऋणात्मक मूल्यांकन हो जाता है।

1. किसी भी प्लॉट या भवन का ईशान कोण NE ढका, दबा, कटा, घटा, गोल नहीं होना चाहिए और नैऋत्य कोण SW कभी बढ़ा हुआ नहीं होना चाहिए।

2. भूमिगत पानी का स्रोत जैसे कुआं, बोरिंग, टंकी, सैप्टिक टैंक इत्यादि या अन्य किसी भी प्रकार का गड्ढ़ा, जमीन व फर्श का ढाल केवल उत्तर, ईशान व पूर्व दिशा में ही होना चाहिए। इसके अलावा किसी और दिशा में नहीं होना चाहिए। सैप्टिक टैंक व टॉयलेट ईशान कोण में कभी नहीं बनानी चाहिए।

3. चहारदीवारी एवं भवन का मुख्य द्वार पूर्व ईशान, दक्षिण आग्नेय, पश्चिम वायव्य और उत्तर ईशान में कहीं भी रखा जा सकता है परंतु मुख्य द्वार कभी भी पूर्व आग्नेय, दक्षिण नैऋत्य, पश्चिम नैऋत्य या उत्तर वायव्य में नहीं होना चाहिए। विशेष – दक्षिण नैऋत्य या पश्चिम नैऋत्य में किसी भी स्थिति में प्रवेश द्वार नहीं होना चाहिए।

   यदि वास्तु में इन तीन सिद्धांतों का पालन किया जाए तो यकीन मानिए की आपका वास्तु प्रथम श्रेणी में आ सकता है।

यदि किसी भवन में उपरोक्त तीनों में से कोई भी एक वास्तु दोष है, तो निश्चित है कि उसमें रहने वालों का जीवन सुखद हो ही नहीं सकता। यदि आज किसी का भाग्य प्रबल है, तो हो सकता है उसे अभी अहसास न हो, पर जब भाग्य साथ देना बंद करेगा, तब यह वास्तु दोष उसके जीवन में दुःखद एवं भयंकर परेशानियां पैदा कर सकते हैं।

उपरोक्त तीनों वास्तु दोषों को बिना तोड़फोड़ के ठीक करना असंभव है। इन दोषों को दूर करने के लिए आप कितने ही पिरामिड, श्रीयंत्र, घंटियां, क्रिस्टल बॉल या अन्य फेंग शुई की सामग्री लगा लें, वास्तु शांति करा लें, पूजा–पाठ, टोने–टोटके, यंत्र, तंत्र, मंत्र का उपयोग कर लें, सब समय व पैसा बर्बाद करने वाली बातें हैं।

यदि आप किसी वास्तु दोष के कारण परेशान हैं या नया भवन निर्माण करना चाहते हैं, तो किसी योग्य, अनुभवी वास्तुशास्त्री की सलाह पर ही अमल करें। अच्छे वास्तुशास्त्री को उचित फीस देने में संकोच बिलकुल नहीं करें। ध्यान रहे सच्चे, योग्य व अनुभवी वास्तुशास्त्र के जानकारों परामर्श शुल्क अधिक होता है, जो आपको सलाह के अलावा और कुछ देते भी नहीं हैं। जैसे पिरामिड, श्रीयंत्र या अन्य वस्तुएं। पर उनसे मिलने वाले परामर्श का लाभ उनके परामर्श शुल्क से हजारों गुना ज्यादा कीमती होता है, जो आपके जीवन में सुख–शांति, समृद्धि लाता है।

लेखक से वास्तु संबंधी व्यावसायिक परामर्श

इस पुस्तक के लेखक श्री कुलदीप सलूजा, उज्जैन शहर के प्रसिद्ध व्यावसायी संस्थान 'बिल्लू एंड बिल्लू' समूह के संचालक एवं योग्य, अनुभवी वास्तु सलाहकार हैं। यदि आप अपने मकान, दुकान, ऑफिस, उद्योग इत्यादि के वास्तुदोष निवारण के लिए व्यावसायिक परामर्श लेना चाहते हैं अथवा वास्तु अनुरूप नया निर्माण करवाना चाहते हैं तो नीचे लिखे पते व टेलिफोन नंबर पर उनसे सम्पर्क कर समय निर्धारित कर सकते हैं।

ध्यान रहे, श्री सलूजा बहुत व्यस्त वास्तु सलाहकार हैं। वे भारत के अलावा विश्व के कई देशों में वास्तु संबंधी परामर्श देने जाते रहते हैं। इस कारण वे शीघ्र उपलब्ध नहीं हो पाते।

CONTACT AT

Kuldeep Saluja
The Nebula Consultants International
Billoo & Billoo
Freeganj, UJJAIN (M.P.) 456 010 INDIA
Phones : 0091 - 734 - 2513229, 2520068
Mobile : 94250 91601
Fax : 0091 - 734 - 2513842
E-Mail : billoo@sancharnet.in

प्रिय पाठक,
यह पुस्तक आपके सम्मुख पहुंच चुकी है। यह पुस्तक आपको कैसी लगी? वैसे पुस्तक में त्रुटियां होना संभव है। मगर कोशिश यही रही कि पाठकों को वास्तु पर सारगर्भित जानकारी दी जाए। अगर कोई त्रुटि रह गई हो या आपका कोई अमूल्य सुझाव हो तो कृपया मुझे जरूर लिखकर भेजें। मै आपका अत्यंत आभारी रहूंगा। मैं अगले संस्करण में उसे सुधारने का प्रयास करूंगा। मुझे आपके पत्रों का इंतजार रहेगा।

– कुलदीप सलूजा